CASINO

Japanese language

카지노 現場日本語

육풍림 저

백산출판사

머리말

CASINO 실무 회화란 정확히 어떠한 것이 표본이 될 수 없다는 것이 맞는 말이다. 20년 넘게 CASINO란 직종에 관련된 일을 하면서 항상 생각해 오던 것이 손님과 가장 가깝게 대면하면서 그들의 주문과 요구사항들을 듣고, 고객들의 불편사항을 해소해 주어야할 CASINO 영업부 직원들의 현장 활용 회화 교본이 없다는 것에 대한 안타까움이 항상 자리하고 있었다.

그리고 대학교에서 학생들에게 카지노에서 발생하는 여러 상황들을 강의할 마땅한 일본어 교재가 없었다. 이러한 필요성에 따라 그동안 카지노에서 경험한 부분에 주안점을 두어 카지노에 처음 입장부터 게임을 진행하는 매 순간마다 발생하는 실제 상황들을 예측하여 기술하였다.

그렇다고 이 책이 CASINO 영업장 내에서 발생하는 모든 상황들을 모두 예시하고 있는 것은 더더욱 아니다. 다만, 경험상으로 대체로 이와 유사한 상황들이 반복 발생되고, 자주 접한다는 것이다. 그리하여 고객 응대 기억과 게임 상황들을 예측, 조합하고 조각조각 모아서 비록 부족하나마 한 권의 책이 만들어졌다.

본 교재는 총 9장으로 분류하였고, 1장은 CASINO 안내 데스크에서의 간단한 회화를 기술하였으며, 2장부터는 손님과 가장 많은 GAME 상황이 발생되는 ROULETTE, BLACK JACK, BACCARAT에 많은 응용과 현장감 있는 회화를 싣는데 주력하였다. 또 한편, 5장에는 국내 CASINO에 새로 도입이 되어 갬블러들의 사랑을 받고 있는 CARIBBEAN STUD POKER의 간단한 게임 설명과 고객과의 실무 응대 회화를 처음 시도해 보았다. 그 외에 6장에는 THREE CARD POKER를 7장과 8장에서는 단체 여행객들이 즐겨하는 TAI-SAI와 BIG WHEEL, 그리고 9장에 CASINO WAR의 게임 진행방법과 RULE 소개로 본 교재를 마무리하였다.

카지노에 종사하는 분들이나 카지노 계열 대학생들은 물론, 카지노와 관련된 일을 하는 모든 분들에게 본 교재의 내용이 유익하게 전달되었으면 하는 바람과 소망이다.

2011년 1월

저 자 陸豊林

CASINO

目次

CONTENTS

目次

CONTENTS

1 카지노의 역사

카지노(CASINO)의 역사는 인간이 단체 생활을 하면서 서로간의 내기를 시작하면서부터 갬블링(GAMBLING) 또는 게임의 역사는 시작되었다고 할 수 있다. 여러 명의 원시인들이 특정의 목적지에 누가 먼저 도착하느냐 혹은 누가 먼저 특정의 사냥감을 잡을 수 있느냐 등 서로간의 경쟁심에서 시작되었고, 그리스 신화에 의하면 인간이 결정하기 힘들 일이 일어나면 신에게 찾아가서 도움을 요청하면 신들은 주사위를 사용하여 신들의 의사를 결정했다고 한다. 이처럼 갬블링(GAMBLING)은 인류의 생활과 밀접한 관계를 이루며 문명의 발달과 함께 새로운 여가 문화로 발달되어 왔다.

고대 이집트 사람들은 B.C.2000년경부터 갬블링을 전쟁이나 운동경기 등에서 여가 선용이나 내기에 이용하였으며 인디아와 그리스에서도 널리 퍼져 있었다는 기록이 전해지고 있으며 미국의 인디언들도 신대륙이 발견되기 수세기 전부터 갬블링을 즐겼다는 기록이 전해지고 있다. 현재 우리가 사용하고 있는 갬블링(GAMBLING)라는 단어는 앵글로색슨어의 GAMMIAN에서 유래되어 사용하고 있으며 스포츠(SPORT)나 플레이(PLAY)의 뜻을 갖고 있고, 카지노(CASINO)의 어원은 도박, 음악, 쇼, 댄스 등의 여러 가지 오락시설을 갖추어 놓은 작은집이라는 이탈리어의 CASA가 어원이며 르네상스 시대에 귀족들의 소유하고 있었던 사교용 혹은 오락용 별장을 의미하였으나 지금은 해변, 온천, 휴양지, 관광지 등에 있는 게임장을 의미한다. GAMBLE은 가장 불확실한 것에 큰 확신을 갖고 돈이나 물건을 걸고 승부하는 것을 뜻한다.

다른 측면에서의 도박게임은 스포츠 행위의 정조적 · 기능적 요소를 갖고 있는 인간의 놀이행위(Play)의 하나로 간주되기도 한다. 즉 우리나라의 경우, 같은 도박게임이라 하더라도 경마나 경륜과 같은 게임은 스포츠 행위로 인정되어 법적으로 허용하고 있는 반면, 내국인의 카지노게임은 도박행위로 간주되어 법으로 엄격히 금지하고 있다. 이것은 카지노가 경마나 경륜보다 더 도박성이 강하다는 사회적 통념에 기인한 것이라 할 수 있다. 그렇기 때문에 도박게임을 사회적 관습(慣習) 내에서 어떻게 어느 정도로 수용해야 할 것인가 하는 문제에 대해 찬 · 반양론의 관점에 따라 다양한 논의가 제기되고 있다.

2 한국 카지노의 발전

우리나라 카지노산업은 17개 업체 중 한 곳을 제외한 16개의 업체가 외국인 전용 카지노이며, 이집트, 네팔, 모로코 등과 같이 카지노 출입을 외국인에만 제한하고 있으며, 카지노 산업은 다음과 같은 특징을 지니고 있다.

우리나라 카지노 설립의 법적 근거가 된 최초의 법률은 1961년 '복표발행현상 기타 사행행위단속법'으로 외국인을 상대로 하는 오락시설 기능제공이란 취지아래 설립되었다.

1967년 외화획득과 주한미군을 비롯한 외국인 전용 위락시설에서 출발한 한국 카지노 산업이 1990년대의 과도기 과정을 거치고 2000년대에 와서는 외화획득과 더불어 외화유출방지 및 지역경제 활성화, 그리고 지방자치 단체의 재원확보, 지역 관광기반 조성과 폐광촌의 지역 경제까지 책임지는 고부가 가치산업으로 고용증대에도 큰 공을 세우면서 각 시 · 도 단체들이 유치를 우선 희망하는 유망산업으로 자리매김하게 되었다.

1967년 국내 최초의 외국인 전용 카지노가 생긴 이래로 2000년 10월에 강원랜드가 개관되어 카지노 산업발전에 새로운 전기가 마련되었고, 현재 외국인 전용 카지노 16개 업체와 내국인 출입 가능 카지노 1곳을 비롯하여 총 17개 업체가 영업 중에 있다.

현재 우리나라의 카지노 설립의 법적 근거가 된 최초의 법률은 1961년 11월 제정된 "복표 발행 현상 기타 상행 행위 단속법"으로 62년 9월 개정된 법률에 의하여 "외국인들 상대로 하는 오락시설로서 외화 획득에 기여할 수 있다고 인정 될 때에는 이를 허가 할 수 있도록 한다."고 함으로써 카지노 설립의 근거가 마련되었다.

1967년 관광 산업 진흥과 외화 획득 정책의 일환으로 국내 카지노업체는 1967년도 국내에서는 최초로 인천 올림포스 호텔 카지노를 처음으로, 이듬해 1968년 서울 워커힐 호텔 카지노가 연이어 개장하면서 국내의 본격적인 카지노 산업의 시작이 되었다.

그 후로 1970년대에 4개의 카지노가 개장되었는데 1971년에 속리산 관광호텔 카지노, 1975년에 제주 칼(KAL) 호텔 카지노, 1978년에 부산해운대 파라다이스 카지노, 1979년에 경주 코오롱호텔 카지노가 개장하였으며, 1980년대에는 2개의 카지노가 개설되었는데 1980년에 설악파크호텔 카지노, 1985년에 제주 하얏트(Hyatt) 호텔 카지노가 각각 개장되었다. 가장 많은 카지노가 개장되었던 시기는 1990년대 초인데 이때 무려 6개의 카지노가 개업하였으며, 이때 개업한 카지노는 모두 제주도 지역이다. 특히 1990년 한 해에 4개의 카지노가 개장하였는데 제주 남서울호텔 카지노를 필두로, 제주 오리엔탈 호텔 카지노, 제주 그랜드 호텔 카지노, 제주 서귀포 칼(KAL) 호텔 카지노가 오픈을 하였으며, 다음 해인 1991년에 2개의 카지노가 제주에서 개업을 하였는데 제주 신라 호텔 카지노(서귀포)와 제주 라곤다 호텔 카지노가 차례로 허가를 받아 개업을 하였다. 제주의 총 8개의 카지노 중에서 5개는 제주도 제주시에 주재하는 호텔이며, 3개는 제주도 서귀포 중문 관광단지에 위치한 호텔에 개장이 되었다.

2000년대에 우리나라에서는 처음으로 강원도 정선군에 내국인 카지노가 개장을 하였는데 허가의 취지는 석탄산업의 사양화로 인한 낙후된 폐광지역경제를 활성화시켜 지역 간 규형 있는 발전을 도모하고, 지역주민의 고용창출에 기여하여 생존권을 보장하는데 목적을 두었다.

이에 2000년에 처음으로 내국인 출입 카지노인 강원랜드 스몰카지노(Small Casino)가 개장되었고, 2003년에 강원랜드 메인 카지노(Main Casino)를 오픈하였다.

2006년에는 정부출자로 한국관광공사 자회사인 그랜드코리아레저(주) 세븐럭카지노 3지점이 개장하면서 우리나라도 본격적인 정부 운영 카지노 국가의 대열에 합류한 셈이 되었다. 세븐럭카지노 3지점 중 2006년 1월에 세븐럭카지노 코엑스센터점(강남점)이, 5월에 세븐럭카지노 밀레니엄 힐튼점(강북점)이, 6월에 세븐럭카지노 롯데점(부산점)이 각각 오픈하였다.

일본어의 문자

한국의 글자는 「한글」이라고 하지만, 일본어의 글자는 「가나」라고 한다.

가나에는 히라가나(平仮名 ひらがな)와 가타카나(片仮名 カタカナ), 두 종류가 있으며 보통 표기할 때에는 가나와 漢字를 섞어서 사용한다.

히라가나(ひらがな)와 가타카나(カタカナ)는 모두 한자(漢字)에서 만들어진 글자인데, 히라가나는 한자(漢字)의 초서체가 차츰 변해서 생긴 것이고, 가타카나는 한자(漢字) 획의 일부분을 따서 만들어진 것이다.

가타카나는 주로 외래어나 의성어, 의태어, 전보문, 또는 특별히 어감을 강조하려고 하는 경우에 사용한다.

「ひらがなの 字原」

あ(安)	い(以)	う(宇)	え(衣)	お(於)
か(加)	き(幾)	く(久)	け (計)	こ(己)
さ(左)	し(之)	す(寸)	せ(世)	そ(曽)
た(太)	ち(知)	つ(川)	て(天)	と(止)
な(奈)	に(仁)	ぬ(奴)	ね(祢)	の(乃)
は(波)	ひ(比)	ふ(不)	へ(部)	ほ(保)
ま(末)	み(美)	む(武)	め(女)	も(毛)
や(也)		ゆ(由)		よ(与)
ら(良)	り(利)	る(留)	れ(礼)	ろ(呂)
わ(和)		を(遠)		ん (无)

「ひらがな」의 50음도

	あ행	か행	さ행	た행	な행	は행	ま행	や행	ら행	わ행	
あ단	あ a	か ka	さ sa	た ta	な na	は ha	ま ma	や ya	ら ra	わ wa	ん n
い단	い i	き ki	し shi	ち chi	に ni	ひ hi	み mi		り ri		
う단	う u	く ku	す su	つ tsu	ぬ nu	ふ fu	む mu	ゆ yu	る ru		
え단	え e	け ke	せ se	て te	ね ne	へ he	め me		れ re		
お단	お o	こ ko	そ so	と to	の no	ほ ho	も mo	よ yo	ろ ro	を o	

「カタカナ」의 字原

ア(阿)	イ(伊)	ウ(宇)	エ(江)	オ(於)
カ(加)	キ(幾)	ク(久)	ケ(介)	コ(己)
サ(散)	シ(之)	ス(須)	セ(世)	ソ(曽)
タ(多)	チ(千)	ツ(川)	テ(天)	ト(止)
ナ(奈)	ニ(仁)	ヌ(奴)	ネ(祢)	ノ(乃)
ハ(八)	ヒ(比)	フ(不)	ヘ(部)	ホ(保)
マ(末)	ミ(三)	ム(牟)	メ(女)	モ(毛)
ヤ(也)		ユ(由)		ヨ(与)
ラ(良)	リ(利)	ル(流)	レ(礼)	ロ(呂)
ワ(和)		ヲ(恵)		ン(爾)

「カタカナ」의 오십음도

	ア행	カ행	サ행	タ행	ナ행	ハ행	マ행	ヤ행	ラ행	ワ행	
ア단	ア a	カ ka	サ sa	タ ta	ナ na	ハ ha	マ ma	ヤ ya	ラ ra	ワ wa	ン n
イ단	イ i	キ ki	シ shi	チ chi	ニ ni	ヒ hi	ミ mi		リ ri		
ウ단	ウ u	ク ku	ス su	ツ tsu	ヌ nu	フ hu	ム mu	ユ yu	ル ru		
エ단	エ e	ケ ke	セ se	テ te	ネ ne	ヘ he	メ me		レ re		
オ단	オ o	コ ko	ソ so	ト to	ノ no	ホ ho	モ mo	ヨ yo	ロ ro	ヲ o	

일본의 여러 도시

- 구성 : 4개의 큰 섬(크기 순으로 本州(ほんしゅう). 北海道(ほっかいどう). 九州(きゅしゅう). 四国(しこく))과 3천 700여개의 작은 섬으로 형성된 섬나라이다.
- 면적 : 377,835km^2 (한반도 면적의 약 1.7배)
- 인구 : 127,288,419명 (2008년)
- GDP : 39,731달러 (2009년)
- 행정구역 : 1道(どう) 「北海道(ほっかいどう)」 1都(と) 「東京(とうきょう)」 2府(ふ) 「京都府(きょうとふ)、大阪府(おおさかふ)」 43県(けん)

東北地方(6県)	①青森県 ②岩手県 ③秋田県 ④山形県 ⑤宮城県 ⑥福島島県
関東地方(1都6県)	①茨城県 ②栃木県 ③群馬県 ④埼玉県 ⑤千葉県 ⑥神奈川県(+東京都)
中部地方(9県)	①新潟県 ②富山県 ③石川県 ④福井県 ⑤山梨県 ⑥長野県 ⑦岐阜県 ⑧静岡県 ⑨愛知県
近畿地方(2府5県)	①兵庫県 ②奈良県 ③和歌山県 ④滋賀県 ⑤三重県(+東京都、大阪府)
中国地方(5県)	①鳥取県 ②島根県 ③岡山県 ④広島県 ⑤山口県
四国地方(4県)	①徳島県 ②香川県 ③愛媛県 ④高知県
九州地方(8県)	①福岡県 ②佐賀県 ③長崎県 ④熊本県 ⑤大分県 ⑥宮崎県 ⑦鹿児島県 ⑧沖縄県

일본의 국경일

설날 お元旦	1月 1日	설날 새해의 첫날, 새해의 행복을 기원하고, 1년의 계획을 세우는 날, 신사나 사원에 첫 참배를 한다.
성인의 날 成人の日	1月第2月曜日	성인의 날. 만 20세에 달하여 어른이 되는 청년 남녀를 축하하는 날
건국기념일 建国記念の日	2月 11日	기원전 620년 진무천황이 즉위한 날을 기념해 건국기념일로 쉬고 있다.

춘분 春分の日	3月 20日	춘분의 날. 봄의 중심의 날, 성묘 가서 선조의 영에게 공양하는 날, 옛날부터 불교의 축제일이었다.
녹색의 날 みどりのひ	4月 29日	녹색의 날, 1901년 4월 29일은 쇼와 천황이 탄생한 날로서 그 탄생을 축하하는 날이다.
헌법기념일 憲法記念日	5月 3日	1947년 5월 3일의 일본국 헌법 시행일을 기념하는 날
국민의 휴일 国民の休日	5月 4日	헌법 기념일과 어린이날의 샌드위치 데이를 축일로 선포해 3일간의 연휴를 즐긴다.
어린이날 こどもの日	5月 5日	원래는 남자 아이의 성장과 건강을 비는 단오절이었으나 지금은 만국 공통의 어린이 날
바다의 날 海の日	7月 20日	일본이 섬이라는 사실을 상기시키는 국경일
경로의 날 敬老の日	月 15日	경로우대의 날. 다년간에 걸쳐 사회를 위해 봉사해온 노인을 경애하고 장수를 축하한다.
추분 秋分の日	9月 23日	추분의 날. 가을의 피안의 중심의 날. 봄의 피안과 같이 산소에 참배하고 조상의 영에게 공양하는 날
체육의 날 体育の日	10月第2月曜日	1964년 10월 10일 도쿄올림픽 개최일 을 기념해 지정된 국경일
문화의 날 文化の日	11月 3日	1946년 11월 3일, 현 일본국 헌법이 공포된 날
근로강사의 날 勤労感謝の日	11月 23日	근로감사의 날. 수확의 계절에 해당되기도 하여 그것에 감사하고 널리 노동의 기쁨을 되새기는 날
천황탄생일 天皇誕生日	11月 23日	천황탄생일 지금의 천황이 태어난 날로서, 그 탄생을 일본 국민으로서 축하하는 날

일본의 연중행사

① お元日

1월 1일은 새해의 첫날로서 元日 혹은, 元旦이라고도 하며 특히 1일, 2일, 3일을 さんがにち라 하여 대부분의 가정에서는 일을 쉬고 신년의 출발을 축하한다. 소나무와 대나무로 만든 門松(かどまつ)로 장식하기도 한다. 소나무 장식 기간을 松の内(まつのうち)라 한다.

② 節分

- 입춘 전날을 말하며, 節分에는 각 가정에서 "귀신은 밖으로 복은 안으로"(鬼は外, 福は内)라고 외치는 소리와 집 안팎으로 콩을 뿌리는 소리가 들려온다.
- 이 행사는 계절이 바뀔 즈음 귀신은 집밖으로 나가고 복은 집안으로 들어오라고 하는 바람이 깃들어있다. 콩을 뿌린 다음, 남은 콩을 가족 전원이 자신의 나이만큼 먹기도 한다.

③ 雛祭り

히나마츠리는 3월 3일에 여자아이가 있는 집에서 인형(ひな人形)을 장식해 건강하게 성장하도록 기원하는 날. 桃の節句라고 한다.

④ 端午

단오절은 남자아이의 축일이다. 남자아이가 건강하게 자라기를 기원하며 남자아이가 있는 가정에서는 갑옷에 투구를 쓴, 5월 인형을 장식하고, 집밖에 잉어 모양을 걸어 세우고(こいのぼり), 창포나 찰떡으로 아이의 출세를 기원한다.

⑤ 七夕

7월 7일. 원하는 것을 적은 短冊(たんざく)과 종이접기나 색종이를 함께 대나무 가지에 장식해서 붙이는 풍습이 남아 있다.

⑥ お盆(ぼん)

- 8월 13일부터 15일.
- 선조의 영을 공양하기 위한 불교적 행사이다.
- 각 가정에서는 불단(仏檀)에 재물을 바치고 조상의 영을 위로한다. 오봉날 밤에는 사람들이 모여 피리나 북에 맞추어 윤무를 즐기고 폭죽도 쏘아 올려 여름의 풍물시를 펼친다.

⑦ 一五三(いちごさん)

11월 15일. 3, 5, 7세의 여자아이들이 밝은 옷을 입고, 신에게 건강하게 성장하도록 기원하기 위해 신사에 가는 날이다.

⑧ お祭(まつ)り

- 축제를 뜻하는 말이다.
- 일본의 마쯔리는 원래 신이나 존경하는 사람에게 뭔가를 드리는 것을 의미했으며, 신에게 존경의 마음을 표현하는 음식이나 그 외의 물건을 드려서 환대하고 풍요로운 생산, 평화로운 생활 등을 기원한 것이다. 마쯔리에서는 신체를 안치한 가마를 많은 사람들이 메고 발을 맞추어 걷고 흔들면서 위세를 더한다.

⑨ 大(おお)みそか

- 12월 31일의 별칭으로 일 년의 마지막 날이다.
- 최종일에 해당되므로 집의 대청소를 끝내고 설날의 장식물인 시메나와나 소나무 장식을 하며 집에 따라서는 門松(かどまつ)를 세우기도 한다.
- 섣달그믐날 밤은 심야까지 깨어있어 가까운 사원에서 울리는 제야의 종소리를 들으면서 무사히 1년을 보낸 것을 가족전원이 서로 기뻐하고, 메밀국수를 먹는 것이 일반적이다.

보충 학습 포인트

시각 읽기

時(시)

1時	いちじ
2時	にじ
3時	さんじ
4時	よじ
5時	ごじ
6時	ろくじ
7時	しちじ
8時	はちじ
9時	くじ
10時	じゅうじ
11時	じゅういちじ
12時	じゅうにじ
何時	なんじ

分(분) / 秒(초)

1	いっぷん / いちびょう
2	にふん / にびょう
3	さんぷん / さんびょう
4	よんぷん / よんびょう
5	ごふん / ごびょう
6	ろっぷん / ろくびょう
7	ななふん / ななびょう
8	はっぷん / はちびょう
9	きゅうふん / きゅうびょう
10	じ(ゅ)っぷん / じゅうびょう
20	にじ(ゅ)っぷん / にじゅうびょう
30	さんじ(ゅ)っぷん / さんじゅうびょう
40	よんじ(ゅ)っぷん / よんじゅうびょう
50	ごじ(ゅ)っぷん / ごじゅうびょう
60	ろくじ(ゅ)っぷん / ろくじゅうびょう
何	なんぷん / なんびょう

基本挨拶礼節(きほんあいさつれいせつ)

- おはようございます。
- こんにちは。
- こんばんは。
- いらっしゃいませ。
- おめでとうございます。
- ありがとうございます。
- どういたしまして。
- すまません。
- 分(わ)かりました。(かしこまりました。)
- どうぞお座(すわ)り下(くだ)さい。
- 失礼(しつれい)いたします。
- 少(しょう)々お待(ま)ち下(くだ)さい
- お待(ま)たせいたしました。
- お休(やす)みなさい。

기본인사예절

- 아침 인사
- 점심 인사
- 저녁 인사
- 어서오십시오.
- 축하합니다.
- 고맙습니다. (감사합니다.)
- 천만에요. (별말씀을)
- 미안합니다. (죄송합니다.)
- 알겠습니다. (분부대로 하겠습니다.)
- 여기 앉으십시오.
- 실례하겠습니다.
- 잠시만 기다려 주십시오.
- 오래 기다리셨습니다.
- 안녕히 주무십시오.

第 1 章

カジノ インフォメーション・デスク (CASINO INFORMATION DESK)

第 1 節　ゲームのご案内

第 2 節　両替のご案内

第1節

ゲームのご案内(あんない)

職　員　いらっしゃいませ。
お二人様(ふたりさま)でございますか。

顧客A　はい。二人(ふたり)です。

職　員　カジノには初(はじ)めていらっしゃいますか。

顧客B　ええ、そうですよ。

職　員　それでは、特(とく)になさいたいゲームはございますか。

顧客A　初(はじ)めて来(き)てよく分(わ)からないですよ。
どんなゲームがありますか。

職　員　ゲームの種類(しゅるい)はいろいろありますが、初(はじ)めていらっしゃいましたらルーレットかブラック・ジャックが面(おも)

白いと存じますが。

顧客B　ルーレットとブラック・ジャックゲームは何が違いますか。

職　員　ルーレットは確率ゲームでブラック・ジャックはカードゲームでございます。

顧客A　どちらの方がやさしいですか。

職　員　初めていらっしゃいましたら普通ルーレットをなさいます。なぜならばゲームのやり方もやさしいし、配当金も凄いでございます。

顧客B　そうですか。
では、先にルーレットをやって見ましょうか。

職　員　分かりました。ごちらにどうぞ、ルーレットのテーブルまでご案内いたします。

제 1 절

게임 안내

직 원 어서 오십시오.
두 분 이십니까?

고 객 A 예. 두 사람입니다.

직 원 카지노에는 처음 오셨습니까?

고 객 B 네. 그렇습니다.

직 원 그러시다면, 특별히 하시고 싶은 게임이 있으십니까?

고 객 A 처음 와서 잘 모르겠군요.
어떤 게임이 있습니까?

직 원 게임의 종류는 여러 가지 있습니다만, 처음 오셨다면 룰렛이나 블랙잭 게임이 재미있다고 생각합니다만.

고 객 B 룰렛과 블랙잭은 무엇이 다릅니까?

직 원 룰렛은 확률 게임이고 블랙잭은 카드 게임입니다.

고 객 A 어느 쪽이 쉽습니까?

직 원 처음 오셨다면 보통 룰렛을 하십니다.
왜냐하면 게임방법도 쉽고, 배당금도 대단하기 때문입니다.

고 객 B 그렇습니까? 그럼, 먼저 룰렛을 해볼까요?

직 원 알겠습니다. 이쪽으로 오십시오.
룰렛 게임 테이블까지 안내해 드리겠습니다.

단어 정리 및 어휘 풀이

- カジノ インフォメーション・デスク：카지노 안내 데스크
- ゲームのご案内(あんない)：게임 안내
- お二人様(ふたりさま)：두 분, 두 사람
- 初(はじ)めていらっしゃいますか。：처음 오셨습니까?

  「初めて」와 「来る」의 존경어인 「いらっしゃる」가 합쳐서 된 어휘
- 特(とく)には：특히, 특별히
- なさいたい：하시고 싶은. 「なさる」와 조동사 「たい」의 합성어
- 分(わ)からない：모른다. 「わかる」와 조동사 「ない」의 합성어
- 種類(しゅるい)：종류
- いろいろ(色色)：여러 가지, 가지각색
- ルーレット：룰렛(Roulette)
- ブラック・ジャック：블랙잭(Black Jack)
- 面白(おもしろ)い：재미있다.
- 存(ぞん)じますが。：생각합니다만.

  思(おも)う, 考(かんが)えるの 겸사말
- ~か。：의문형, 「~ですか」, 「~ますか」：~입니까?, 습니까?
- ~が。：체언에 붙어서 주어를 나타냄 「~만」의 의미
- ~の：격조사로서 소유 혹은 소속을 나타냄, ~의, ~에 있는, ~의 것
- ~と：체언 또는 체언에 준하는 단어에 붙어 ~과, ~와, ~으로

  동작의 상태나 비교의 대상을 나타내는 말
- 何(なに)が：무엇이. [부사적으로 씀]

- 違(ちが)いますか。: 다릅니까?, 틀립니까? [ちがう]
- 確率(かくりつ) : 확률
- どちらの方(ほう)が : 어느 쪽이
- やさしい : 쉽다.
- 普通(ふつう) : 보통, = たいてい[대개]
- 配当金(はいとうきん) : 배당금, 당첨금
- 凄(すご)い : 대단하다, 굉장하다, 무섭다.
- 先(さき)に : 우선, 먼저, 일전에
- やって見(み)ましょうか。: 해 볼까요? 「やる」+「見る」
- 分(わ)かりました。: 알겠습니다. 알았습니다. 「わかる」
- こちらに(へ) : 이쪽으로
- どうぞ : ① (부)상대에게 권하거나 허락할 때 쓰는 말(공손한 표현)

  ② 부탁이나 희망을 나타내는 말. 부디, 아무쪼록
- テーブルまで : 테이블 까지

  동작이나 사항이 미치는 시간적 · 공간적인 한도 · 범위 · 도달점을 나타냄. ~까지

第２節

両替のご案内

職　員　　こんにちは。いらっしゃいませ。
お客様、何かご用でしょうか。

顧　客　　両替したいですが、どこで出来ますか。

職　員　　カジノの中にある両替所で出来ます。

顧　客　　両替はいくらまで出来ますか。

職　員　　いくらでも構いません。

顧　客　　では、ドルも両替出来ますね。

職　員　　はい、円でもドルでも関係ません。

顧　客　　そうですか。

　　　　　チップスはどこで買(か)う事(こと)ができますか。

職　員　　チップスはゲーム・テーブルでお客様(きゃくさま)が直接(ちょくせつ)お買(か)いになって下(くだ)さい。

顧　客　　分(わ)かりました。ありがとう。

職　員　　どうぞ、ごゆっくり。

제 2 절

환전 안내

직 원　안녕하십니까? 어서 오십시오.
손님, 용무가 있으십니까?

고 객　환전을 하고 싶은데 어디서 할 수 있습니까?

직 원　카지노 안에 있는 환전소에서 할 수 있습니다.

고 객　환전은 얼마까지 가능합니까?

직 원　얼마라도 상관없습니다.

고 객　그럼, 달러(미화)도 환전이 되겠군요.

직 원　예. 엔도 달러도 관계없습니다.

고 객　그렇습니까? 칩스는 어디서 살 수 있습니까?

직 원　칩스는 게임 테이블에서 손님이 직접 사주십시오.

고 객　알겠습니다. 고마워요.

직 원　부디 즐거운 시간되십시오.

단어 정리 및 어휘 풀이

- お客様(きゃくさま)：손님. さま-사람 또는 인명에 붙어 상대방에 존경을 나타냄. 님, 씨
- ご用(よう)：용무, 볼일. = 用事「ようじ」
- 両替(りょうがえ)：환전. 両替所「りょうがえしょ」：환전소
- どこで：어디에서
- 出来(できますか)：가능합니까? 원형-できる
- 中(なか)にある：안에 있는
- いくらまで：얼마(금액)까지
- いくらでも：얼마(금액)라도
- 構(かま)いません。：상관없습니다. 개의치 않습니다. かまう - 대체로 뒤에 부정이 따름
- ドル：달러(미화), 円-엔(일본 화폐 단위)
- 関係(かんけい)：관계, 상관
- チップス：칩스(chips)
- 買(か)えますか。：살 수 있습니까? 원형-買(か)う+える(가능형)
- 直接(ちょくせつ)：직접
- お買(か)いになって下さい。：사 주십시오.

  ✤ お[ご] … になる의 꼴로 동사의 연용형이나 동작을 나타내는 한자어에 붙음 … 하시다.

- どうぞ、ごゆっくり：부디 즐거운 시간 되십시오. ゆっくり-천천히

보충 학습 포인트

1日 ついたち	2日 ふつか	3日 みっか	4日 よっか	5日 いつか
6日 むいか	7日 なのか	8日 ようか	9日 ここのか	10日 とおか
11日 じゅういちにち	12日 じゅうににち	13日 じゅうさんにち	14日 じゅうよっか	15日 じゅうごにち
16日 じゅうろくにち	17日 じゅうしちにち	18日 じゅうはちにち	19日 じゅうくにち	20日 はつか
21日 にじゅういちにち	22日 にじゅうににち	23日 にじゅうさんにち	24日 にじゅうよっか	25日 にじゅうごにち
26日 にじゅうろくにち	27日 にじゅうしちにち	28日 にじゅうはちにち	29日 にじゅうくにち	30日 さんじゅうにち
31日 さんじゅう いちにち	何日 なんにち			

月（がつ）		ケ月(かげつ)	
一月	いちがつ	1ケ月	いっかげつ
二月	にがつ	2ケ月	にかげつ
三月	さんがつ	3ケ月	さんかげつ
四月	しがつ	4ケ月	よんかげつ
五月	ごがつ	5ケ月	ごかげつ
六月	ろくがつ	6ケ月	ろっかげつ
七月	しちがつ	7ケ月	ななかげつ
八月	はちがつ	8ケ月	はっかげつ
九月	くがつ	9ケ月	きゅうかげつ
十月	じゅうがつ	10ケ月	じっかげつ
十一月	じゅういちがつ	11ケ月	じゅういっかげつ
十二月	じゅうにがつ	12ケ月	じゅうにかげつ
何月	なんがつ	なんケ月	なんかげつ

第２章

ルーレットの ゲーム (Roulette)

ROULETTE의 역사

ROULETTE이라는 단어는 프랑스어의 ROUE(바퀴)와 이탈리아어 ETTE(작은)의 합성어로 돌아가는 작은 바퀴를 뜻한다. 그리스 신화에 의하면 전쟁터에서 방패를 돌려 단검을 던져 맞추는 게임이 있었다고 하며 로마의 황제 아우구스터스(Gaius Julius Caesar Augustus, BC63.9.23~AD14.8.19)는 전쟁터에서 마차의 바퀴를 돌리고 칼을 던져 맞추는 게임을 즐겨 하였다고 하며 미국의 인디언들은 회전하는 바늘이나 시침을 사용하여 게임을 즐겼다는 기록이 있다.

룰렛(Roulette)의 역사에 대한 여러 가지 설은 프랑스의 이름이 알려지지 않은 수도사가 옛날부터 전해져 오는 마차 바퀴놀이를 변형시켜 만들었다는 설과 중국에서 만들어진 게임을 도미니쿠스(Dominicus, 1,170~1,221) 수도회 수사들이 프랑스로 전파했다는 설도 있다. 이러한 설을 통해, 룰렛에서 1에서 36가지의 숫자를 전부 합하면 666이 되며 이는 수도원에서 지옥이나 악령을 뜻하는 수가 되는 것을 보면 수도원과 전연 무관할 것 같지는 않다. 그러나 17세기 계산(PERPETUAL MOTION)을 발견하여 그 영향으로 축소형 바퀴모양을 만들어 "룰렛"이라고 이름을 붙여 전했다 한다.

겜블링을 목적으로 만들어진 처음 기록은 휠을 돌리고 볼을 던져서 번호 속에 들어가게 하는 "OCCA"로 17~18세기경에 유럽의 왕궁에서 성행했던 게임이었고 HOCCA WHEEL은 둥근 원형으로 평평하게 눕혀져 있고 바깥쪽 끝부분 주위의 POCKET에 40개의 번호가 있고 또 휠에는 3개의 0(ZERO)가 있어 하우스에 높은 이익을 주었다. HOCCA는 프랑스 루이 16세 때 MAZARIN 추기경에 의하여 많은 후원을 받아 왕실에 많은 국고 수입을 올려주었다.

유럽과 아프리카 지역, 캐나다의 일부 카지노는 SINGLE ZERO WHEEL을 사용하였으며 미국을 비롯한 한국 등 기타 지역에서는 DOUBLE ZERO WHEEL을 사용하고 있고 유럽식 휠의 하우스 어드밴티지는 2.7%이고 미국식 휠은 5.26%로 알려져 있다.

ROULETTE의 정의

룰렛 휠(ROULETTE WHEEL)에는 1부터 36까지와 싱글제로(SINGLE ZERO(0), DOUBLE ZERO(00)의 2개 숫자를 합친 38개의 숫자가 있으며, 그 원반의 숫자를 레이아웃(LAYOUT)에도 똑같이 기재되어 있다.

휠(WHEEL)을 시계방향 반대로 회전시키고, 볼(BALL)은 휠(WHEEL)과 반대방향인 시계방향으로 회전시켜, 원심력에 의하여 볼(BALL)이 떨어진 곳의 번호(NUMBER)가 위닝 넘버(WINNING NUMBER)가 된다.

위닝 넘버(WINNING NUMBER)에 관계없는 뱃(BET)은 수거(TAKE)하고, 연관되어 있는 뱃(BET)은 정해진 배수와 페이(PAY) 순서에 의해 아웃사이드(OUTSIDE)에서 인사이드(INSIDE)로 지불(PAY)하는 형식의 게임으로서, 약 5.26%의 하우스 어드밴티지(HOUSE ADVANTAGE)가 있다.

第１節

チップスの種類とご説明

ディーラー　いらっしゃいませ。どうぞ、お座て下さい。

顧　　客　これは何ですか。

ディーラー　このゲームはルーレットと申します。

顧　　客　ジノにはどんなゲームが一番人気があるんですか。

ディーラー　初めていらっしゃる方はたいていルーレットをなさる方でございますが。

顧　　客　チップスはいくらから買えばいいですか。

ディーラー　最初は一万円ぐらい買えばゲームができます。

顧　　客　チップスはどんな種類がありますか。

ディーラー　チップスは現金チップスとプレーチップス二つの種類がございます。

顧　　客　では、現金チップスとプレーチップスをどんなに見分けますか。

ディーラー　現金チップスはチップスの真ん中に金額が書かれていますが、プレーチップスは色だけで見分けます。

顧　　客　プレーチップス一枚いくらですか。

ディーラー　はい、プレーチップス一枚二千五百ウォンでございます。

顧　　客　プレーチップスの色が違いますね。

ディーラー　はい、チップスの色は各々違いますが、値段はみんな同じでございます。どちらがお客様のチップスか見分けるために色でお分けしたのでございます。

顧　　客　よく分かりました。

제 1 절

칩스의 종류와 설명

딜 러　　어서 오십시오. 여기 앉으십시오.

고 객　　이것은 무엇입니까?

딜 러　　이 게임은 룰렛이라고 합니다.

고 객　　카지노에는 어떤 게임이 제일 인기가 있습니까?

딜 러　　처음 오시는 분들은 대개 룰렛을 하시는 편입니다만.

고 객　　칩스는 얼마부터 사면됩니까?

딜 러　　처음 만엔 정도 사시면 게임이 가능합니다.

고 객　　칩스는 어떤 종류가 있습니까?

딜 러　　칩스는 현금 칩스와 플레이 칩스 두 종류가 있습니다.

고 객　　그러면, 현금 칩스와 플레이 칩스를 어떻게 구별합니까?

딜　러　　현금 칩스는 칩스 한 중간에 금액이 적혀져 있고, 플레이 칩스는 색깔로만 구별합니다.

고　객　　플레이 칩스 1장에 얼마입니까?

딜　러　　예, 플레이 칩스 1장에 2,500원입니다.

고　객　　플레이 칩스의 색이 다르군요.

딜　러　　네, 플레이 칩스의 색은 각각 다릅니다만, 가격은 모두 같습니다. 어느 것이 손님의 칩스인지 구별하기 위하여 색으로 분류한 것입니다.

고　객　　잘 알겠습니다.

단어 정리 및 어휘 풀이

- お座(すわ)り下(くだ)さい。: 좌석에 앉으십시오.
  お(존칭)+座り(좌석)+下(くだ)さい。형식
- 申(もう)します。: 言(い)う의 겸사말. ~라고 합니다.「もうす」
- 一番(いちばん) : 첫 번째로, 제일로
- 人気(にんき) : 인기
- いらっしゃる方(かた)は : 오시는 분은
- たいてい : 대개, 대체로, 보통
- なさるほう : 하시다(5타-なさる) + 편, 쪽(ほう) - 하시는 편
- いくら : 얼마「ら」는 접미어
- いい : 좋다.
- 現金(げんきん)チップス : 현금(MONEY) 칩스
- 最初(さいしょ) : 최초, 처음에
- ぐらい : 정도[양, 수량]
- 見分(みわ)ける : 구분하다. 구별하다.
- 真(ま)ん中(なか)に : 한 중간에, 한 복판에
- 書(か)かれている : 적혀져 있다.
- だけ : 정도를 나타냄. ~까지, ~만
- 各々(それぞれ) : 각각
- 値段(ねだん) : 가격
- どちらが : 어느 쪽이, 어느 것이
- 見分(みわ)けるために : 구별하기 위하여. ~위하여 : 목적을 나타냄
- よく分(わ)かりました。: 잘 알았습니다.

第２節
現金をチップスで交換する場合

顧　　客　チップスはどこで買えますか。

ディーラー　このテーブルで買う事が出来ます。

顧　　客　小切手でもいいですか。

ディーラー　もちろんでございます。

顧　　客　じゃ、この金をチップスで交換して下さい。

ディーラー　はい、かしこまりました。チェック・フリーズ、マネーチェンジ。五十万ウォンでございます。

顧　　客　そうです。

ディーラー　どのように交換して上げましょうか。

顧　　客　プレーチップス半分(はんぶん)とマネーチップス半分(はんぶん)ずつ分(わ)けて下(くだ)さい。

ディーラー　かしこまりました。少々(しょうしょう)お待ち下(くだ)さい。

プレーチップス百枚(ひゃくまい)とマネーチップス二十五万(にじゅうごまん)ウォンでございます。どうぞ。

顧　　客　ありがとう。

제 2 절

현금을 칩스로 교환할 경우(Money Change)

고 객　　칩은 어디서 살 수 있습니까?

딜 러　　이 테이블에서 살 수 있습니다.

고 객　　수표도 좋습니까?

딜 러　　물론입니다.

고 객　　그럼, 이 돈을 칩스로 교환하여 주십시오.

딜 러　　예. 알겠습니다. 체크 프리즈, 머니 체인지. 오십만원입니다.

고 객　　그렇습니다.

딜 러　　어떻게 교환하여 드릴까요?

고 객　　플레이 칩스 절반과 머니 칩스 절반씩 나눠서 주십시오.

딜 러　　알겠습니다. 잠시만 기다려 주십시오. 플레이 칩스 100개와 머니 칩스 25만원입니다. 받으십시오.

고 객　　고맙습니다.

단어 정리 및 어휘 풀이

- 買(か)う事(こと)が出来(でき)ます：살 수 있습니다.
  ~が+できる(~할 수 있다) 형식
- 小切手(こぎって)：수표
- 勿論(もちろん)：물론
- じゃ：~자, ~그럼. = では、
- チェック・フリーズ、：첵크 프리즈(check please!)
- マネーチェンジ：머니 체인지(money change)−현금을 바꿀 때
- 半分(はんぶん)：반, 절반
- ずつ：~씩 [半分ずつ：절반씩−수량을 나타내는 말에 붙음]
- 分(わ)けて下(くだ)さい：나누어 주십시오.
- 少々(しょうしょう)：조금, 잠시
- お待(まち)下(くだ)さい：기다려 주십시오.
- 百枚(ひゃくまい)：백매, 백장

보충 학습 포인트

숫자 표현

숫자	읽기	숫자	읽기	숫자	읽기
1	いち	11	じゅういち	10	じゅう
2	に	12	じゅうに	20	にじゅう
3	さん	13	じゅうさん	30	さんじゅう
4	よん し	14	じゅうよん じゅうし	40	よんじゅう
5	ご	15	じゅうご	50	ごじゅう
6	ろく	16	じゅうろく	60	ろくじゅう
7	なな しち	17	じゅうなな じゅうしち	70	ななじゅう
8	はち	18	じゅうはち	80	はちじゅう
9	きゅう く	19	じゅうきゅう じゅうく	90	きゅうじゅう
10	じゅう	20	にじゅう	100	ひゃく

숫자	읽기	숫자	읽기	숫자	읽기
100	ひゃく	1,000	せん	十万	じゅうまん
200	にひゃく	2,000	にせん	百万	ひゃくまん
300	さんびゃく	3,000	さんぜん	千万	いっせんまん
400	よんひゃく	4,000	よんせん	一億	いちおく
500	ごひゃく	5,000	ごせん	얼마	いくら
600	ろっぴゃく	6,000	ろっせん	0	ゼロ、れい、 まる
700	ななひゃく	7,000	ななせん		
800	はっぴゃく	8,000	はっせん		
900	きゅうひゃく	9,000	きゅうせん		
1,000	せん	10,000	いちまん		

第3節

チップス チェンジ・カラーする場合

顧　　客　これをプレーチップスに交換して下さい。

ディーラー　はい。20万ウォンで ございますね。

顧　　客　そうですよ。

ディーラー　チェック・フリーズ、チェンジ・カラ。20万ウォン。お客様、もしお好きな色がございますか。

顧　　客　私は青色が好きです。

ディーラー　申し訳ありませんが、青色は他のお客様が使っていらっしゃいますが。

顧　　客　あ！同じ色はできないですか。

ディーラー　同じ色になさればどの方が賭けたのか、仕分けにならないからでございます。

顧　　客　なるほど。では、緑で下さい。

ディーラー　かしこまりました。どうぞ。

제 3 절

칩스 체인지 할 경우(Chips Change)

고 객 이것을 플레이 칩스로 교환하여 주십시오.

딜 러 예. 20만원이군요.

고 객 그렇습니다.

딜 러 체크 프리즈, 체인지 칼라. 20만원. 손님, 혹시 좋아하는 색이 있으십니까?

고 객 저는 청색을 좋아합니다.

딜 러 죄송합니다만, 청색은 다른 손님이 사용하고 있습니다.

고 객 같은 색은 안 됩니까?

딜 러 같은 색으로 하시면 어느 분이 거신 것인지 구분이 가지 않기 때문입니다.

고 객 그렇군요. 그럼, 녹색으로 주십시오.

딜 러 알겠습니다. 여기 있습니다.

단어 정리 및 어휘 풀이

- プレーチップス：플레이 칩스(play chips)
- そうです。：그렇습니다.[긍정의 뜻을 표현할 때]
- お好(すき)な：좋아하시는. 好だ：(형동) 좋아하다.
- 青色(あおいろ)：청색
- 申(もう)し訳(わけ)ありませんが：죄송합니다만
  申(もう)し訳(わけ)ございませんが – 좀 더 공손한 표현
- 他(ほか)：다른, 그 밖에
- 使(つか)っていらっしゃいます。：사용하고 계십니다.
  使う(사용하다)+いる의 공손한 말
- 同(おな)じ：같은, 동일한, 똑같은
- できないですか。：できる(가능하다)+ない(부정형)의 꼴로,
  ~가능하지 않습니까? 안됩니까?
- なされば：~하시면, 口語에서는 活用形의 仮定形에 붙어
  어떤 사실을 가정하고 그 사실을 조건으로 내세워 말할 때 씀. … 면
- どの方(かた)：어느 분
- 仕分(しわ)け：구분, 분류
- ならないから：되지 않기 때문에
  「なる」의 未然形「なら」+ 부정의 조동사「ない」
  (접조)앞의 일이 뒤의 일의 원인 이유가 됨을 나타냄. ~니까, ~이므로
- なるほど：그렇군요.
- 緑(みどり)：녹색

보충 학습 포인트

色을 나타내는 단어

	흰색	검정	빨강	파랑	노랑	갈색	분홍색	자주색
명사	しろ 白	くろ 黒	あか 赤	あお 青	きいろ 黄色	ちゃいろ 茶色	ももいろ 桃色	むらさきいろ 紫色
	희다	검다	빨갛다	파랗다	노랗다	갈색	분홍(명)	자주(명)
형용사	しろ 白い	くろ 黒い	あか 赤い	あお 青い	きいろ 黄色い	ちゃいろ 茶色い	ももいろ 桃色	むらさき 紫

요일 읽기

日曜日 にちようび	月曜日 げつようび	火曜日 かようび	水曜日 すいようび
木曜日 もくようび	金曜日 きんようび	土曜日 どようび	何曜日 なんようび

第４節

リミットの説明

顧　　客　このテーブルのリミットはいくらまでですか。

ディーラー　このテーブルは最低2,500ウォンから最高はインサイドは10万ウォン、アウトサイドは200万ウォンまで賭けられます。

顧　　客　どうして金額の差異があるのですか。

ディーラー　なぜならば、インサイドとアウトサイドのベットの配当率が各々違いますので、リミットの差があるのです。

顧　　客　マネーチップスでも賭けられますか。

ディーラー　もちろんできますが、他のお客様と区別のためにプレー チップスに交換なさって下さい。

顧　　客　分かりました。これをチェンジして下さい。

ディーラー　かしこまりました。頑張って下さい。

顧　　客　どうも。

제4절

리미트(Limit) 설명

고 객 이 테이블은 리미트가 얼마까지 입니까?

딜 러 이 테이블은 최저 2,500원부터 최고는 인사이드는 10만원, 아웃사이드는 200만원까지 걸 수 있습니다.

고 객 어째서 금액의 차이가 있는 겁니까.

딜 러 왜냐하면, 인사이드와 아웃사이드의 배팅 배당률이 각각 다르기 때문에 리미트의 차가 있는 것 입니다.

고 객 머니(MONEY) 칩스로도 걸 수 있습니까?

딜 러 물론 됩니다만, 다른 손님과 구별을 위하여 플레이 칩스로 교환하여 하시어 주십시오.

고 객 알겠습니다. 이것을 체인지하여 주십시오.

딜 러 잘 알겠습니다. 많이 따십시오.

고 객 고마워요.

단어 정리 및 어휘 풀이

- リミット：리미트[limit-게임 테이블의 maximum과 minimum]
- いくらまで：얼마까지
- 最低(さいてい)：최저
- 最高(さいこう)：최고
- 金額(きんがく)：금액
- 差異(さい)：차이 = 差(さ)
- あるのですか。：있는 것 입니까?「あるんですか」
- なぜならば：왜냐하면(원형-なぜなら)
- インサイドベット：인사이드 뱃(inside bet)
- アウトサイドベット：아웃사이드 뱃(outside bet)
- マネーチップス：머니 칩스(money chips)
- でも：~이라도, ~로도
- 区別(くべつ)：구별
- ために：~하기 위하여, ~ 때문에, 그러므로
- 頑張(がんば)って下さい：많이 따십시오, 분발 하십시오.
  頑張(がんば)る - 버티다, 노력하다
- どうも：정말, 참말로, 대단히
  뒷 인사말은 생략하기도하며, どうもどうも라고 붙여 쓰기도 함

第５節

ゲームの進行(しんこう)

ディーラー　いらっしゃいませ。

顧　　客　あの、ルーレットは初(はじ)めてですが,やり方(かた)を教(おし)えてくれますか。

ディーラー　どうぞ、お座(すわ)り下さい。

先(ま)ず、チップスをお買(か)いになって下(くだ)さい。

顧　　客　チップスはどこで買(か)えますか。

ディーラー　チップスはこのテーブルで買(か)う事(こと)ができます。

顧　　客　チップス一(ひと)ついくらですか。

ディーラー　プレーチップスは一枚(いちまい)2,500ウォンでございます。

顧　　客　では、20万ウォンをチップスで交換して下さい。

ディーラー　かしこまりました。どうぞ、チップス80枚でございます。そして、プレーチップスはこのテーブルでばかり使う事ができます。

顧　　客　分かりました。
ところが、どのように賭けばいいですか。

ディーラー　テーブルに書いてある番号の上とアウトサイドで正確にお賭けください。それで、お客様が賭けた番号かアウトサイドが当りますと、配当率によって配当金をお支払い致します。

顧　　客　面白いですね。やって見ましょう。

ディーラー　始まります。どうぞ、お賭け下さい。

顧　　客　7番と16番と25番に賭けて見ましょう。

ディーラー　ベッティグは玉が落ちる前にお賭け下さい。

もう賭けられませんか。

顧　　客　よし、赤と奇数にも張って見よう。

ディーラー　ボールが落ちます。もう賭けられません。

21番，赤と奇数が当たりました。

顧　　客　やった。当たった。

ディーラー　おめでとうございます。

チップス 70枚でございます。

顧　　客　どうも、ありがとう。

제 5 절

게임 진행

딜 러　　어서 오십시오.

고 객　　저기, 룰렛은 처음인데 게임 방법을 가르쳐 주시겠습니까?

딜 러　　네. 앉으십시오.
우선, 칩스를 사 주십시오.

고 객　　칩스는 어디에서 살 수 있습니까?

딜 러　　칩스는 이 테이블에서 살 수 있습니다.

고 객　　칩스 1개에 얼마 입니까?

딜 러　　플레이 칩스 한 개에 2,500원입니다.

고 객　　그럼, 20만원을 칩스로 교환하여 주십시오.

딜 러　　잘 알겠습니다. 여기 칩스 80개입니다.
그리고, 플레이 칩스는 이 테이블에 한해서만 사용이 가능합니다.

고 객　　알겠습니다. 그런데, 어떻게 걸면 됩니까?

딜 러　　테이블에 적혀져있는 번호 위에나 아웃사이드에 정확히 걸어 주십시오. 그래서 손님이 거신 번호나 아웃사이드가 당첨되면, 배당률에 의해 배당금을 지불해 드립니다.

고 객　　재미있겠군요. 해 볼까요.

딜 러　　시작하겠습니다. 자, 걸어 주십시오.

고 객　　7번, 16번, 25번에 걸어 봅시다.

딜 러　　배팅은 구슬이 떨어지기 전에 걸어 주십시오.
더 이상 거시지 않겠습니까?

고 객　　좋아, 빨강과 홀수에도 걸어보자.

딜 러　　볼이 떨어집니다. 더 이상 걸 수 없습니다.
21번, 빨강과 홀수가 당첨 되었습니다.

고 객　　됐다. 당첨됐다.

딜 러　　축하합니다. 칩스 70개 입니다.

고 객　　대단히 고마워요.

단어 정리 및 어휘 풀이

- やり方(かた) : 하는 방법
- 教(おし)えてくれますか : 가르쳐 주시겠습니까?
  教える-가르침을 받다. + くれる-(남이 나에게) 주다.
- お座(すわ)り下さい : 앉으십시오.
- お買(か)いになって下さい : 사 주십시오.
- 一つ(ひとつ) : 한개, 하나
- 一枚(いちまい) : 1매, 1장
- いくら : 얼마, 얼마나, 어느 정도
- そして : 그리고 = そうして
- ばかり : 뿐, 만 - 범위를 한정하는 뜻을 나타냄
- 使(つか)う事(こと)ができます : 사용할 수가 있습니다.
- ところが : 그런데
- どのように : 어떻게 = どんなに
- 書(か)いてある : 씌어져 있는
- 番号(ばんごう) : 번호
- 上(うえ) : 위
- 正確(せいかく)に : 정확히
- お賭(か)け下(くだ)さい : 걸어 주십시오.
- それで : 그래서, 그리하여
- 当(あ)たりますと : 당첨되면 [当(あ)たる-맞다, 적중하다]
- 配当率(はいとうりつ) : 배당률

- よって：의해서, 따라서 [よりて의 변한 말]
- 配当金(はいとうきん)：배당금
- お支払(しはら)い致(いた)します：지불합니다.

  支払い[명：지불] ＋ 致(いた)します[합니다. する의 겸사말]
- 面白(おもしろ)い：재미있다.
- やって見(み)ましょう。：해 봅시다.
- 始(はじ)まります。：시작합니다.「始まる－시작되다」
- 玉(たま)：구슬, 볼(ball)
- 落(おち)る前(まえ)に：떨어지기 전에

  「落る：떨어지다」,「前に－앞에, 전에」
- もう賭(か)けられませんか。：더 거시지 않겠습니까? (= any more bet?)
- よし：좋아!
- ボール：볼(ball)
- ボールが落(お)ちます。：볼이 떨어집니다. (ball's going down!)
- もう賭(か)けられません。：더 거실 수 없습니다. (no more bet!)
- 奇数(きすう)：홀수(odd) ≠ 偶数(ぐうすう)：짝수(even)
- 当(あ)たりました。：맞았습니다. 당첨되었습니다.
- やった。：됐다, 해냈다.
- おめでとうございます。：축하합니다.
- どうも,ありがとう。：대단히 고마워요.

보충 학습 포인트

개수를 나타내는 단어

하나	둘	셋	넷	다섯
一つ	二つ	三つ	四つ	五つ
ひとつ	ふたつ	みっつ	よっつ	いつつ
여섯	일곱	여덟	아홉	열
六つ	七つ	八つ	九つ	十
むっつ	ななつ	やっつ	ここのつ	とお

第６節

ルーレットの規則と配当率

- ルーレットは確率のゲームです。

- ルーレットテーブルとルーレットホイールには1番から36番、◯・◯◯が同じに数字が書いてあります。

- 数字の1番から36番は赤色と黒い色で、◯・◯◯は緑色で書いてあります。

- ディーラーはホイールを回した後に回した反対の方にボールを回します。

- 回したボールが落ちてホールに入った数字と色が当たり番号になって、賭け金は配当率によって支払い致します。

- お客様は必ずボールが落ちる前にお賭け下さい。

- もし、ディーラーがノーモアベット(もう賭けられません)と言う後に賭けたベッティングは無効になります。

- チップスの色は各々違いますが、値段はみんな同じでチップスはゲームのテーブルで買う事ができます。

- ゲームが終わった後にはきっとプレーチップスをマネーチップスで取り替えになって下さい。

제 6 절

룰렛 규칙과 배당률

- 룰렛은 확률 게임입니다.
- 룰렛 테이블과 휠에는 1번부터 36번, 제로와 더블제로가 적혀져 있습니다.
- 숫자의 1번부터 36번은 빨강색과 검정색으로, 제로와 더블 제로는 녹색으로 적혀져 있습니다.
- 딜러는 휠을 회전시킨 후에 회전시킨 반대 방향으로 볼을 돌립니다.
- 회전한 볼이 떨어져서 홀에 들어간 숫자와 색깔이 당첨 번호가 되고, 배당금은 배당률에 의해 지불합니다.
- 손님은 반드시 볼이 떨어지기 전에 걸어 주십시오.
- 만약, 딜러가 '노 모어 뱃'(또는 더 걸 수 없습니다.)이라고 말한 후에 건 배팅은 무효가 됩니다.
- 칩스의 색은 각각 틀립니다만, 가격은 모두 같으며, 칩스는 게임 테이블에서 사실 수가 있습니다.
- 게임이 끝난 후는 반드시 플레이 칩스를 머니 칩스로 바꿔 주십시오.

ルーレットの配当率(はいとうりつ)

インサイド ベット

① ストレート ベット	35：1
② スプリット ベット	17：1
③ ストリート ベット	11：1
④ クォーター ベット	8：1
⑤ ファイブ ナンバー ベット	6：1
⑥ ライン ベット	5：1

アウトサイド ベット

⑦ コラム ベット	2：1
⑧ ダズン ベット	2：1
⑨ ハイ ＆ ロー ベット	1：1
⑩ イーブン ＆ オット(きすうとくうすう) ベット	1：1
⑪ レット ＆ ブラック(あかとくろ) ベット	1：1

룰렛 배당률 — Roulette Pay Off

INSIDE BET – NUMBER BET

① Straight Bet(single number bet)	35 : 1
② Split Bet(two number bet)	17 : 1
③ Street Bet(three number bet)	11 : 1
④ Quarter Bet(four number bet) (coner bet or square bet)	8 : 1
⑤ Five Number Bet	6 : 1
⑥ Line Bet(six number bet)	5 : 1

OUTSIDE BET

⑦ Column Bet	2 : 1
⑧ Dozen Bet	2 : 1
⑨ High & Low Bet	1 : 1
⑩ Even & Odd Bet	1 : 1
⑪ Red & Black Bet	1 : 1

단어 정리 및 어휘 풀이

- 規則(きそく)：규칙, rule
- ルーレットホイール：룰렛 휠(roulette wheel)
- 0・00(ゼロ、ゼロゼロ)：제로, 더블제로
- 数字(すうじ)：숫자, 번호
- 書(か)いてあります。：적혀져 있습니다.
- 回(まわ)した：회전시킨, 돌리고 난 [回す-회전시키다]
- 後(あと)に：뒤, 뒤에
- 反対(はんたい)の方(ほう)に：반대 방향으로
- ホール：홀, 구멍(hole)
- 入(はい)った：들어간, [はいる]
- 当(あた)り番号(ばんごう)：당첨번호
- 賭(か)け金(きん)：(게임에)건 돈
- ベッティング：배팅(betting)
- 無效(むこう)：무효
- きっと：반드시, 꼭 = かならず
- 取(と)り替(か)え：바꿈, 교환

보충 학습 포인트

조수사

종류 / 수	人(にん) 명	枚(まい) 매(장)	階(かい) 층	杯(はい) 잔	本(ほん) 자루
	사람	물건	층수	술, 물	연필 등
一	ひとり	いちまい	いっかい	いっぱい	いっぽん
二	ふたり	にまい	にかい	にはい	にほん
三	さんにん	さんまい	さんかい	さんばい	さんぼん
四	よにん	よんまい	よんかい	よんはい	よんほん
五	ごにん	ごまい	ごかい	ごはい	ごほん
六	ろくにん	ろくまい	ろっかい	ろっぱい	ろっぽん
七	しちにん ななにん	ななまい	ななかい	ななはい	ななほん
八	はちにん	はちまい	はちかい はっかい	はちはい はっぱい	はちほん はっぽん
九	くにん きゅうにん	きゅうまい	きゅうかい	きゅうはい	きゅうほん
十	じゅうにん	じゅうまい	じゅっかい	じっぱい じゅっぱい	じっぽん じゅっぽん
몇	なんにん	なんまい	なんかい	なんぱい	なんぼん

第 3 章

ブラック ジャックの ゲーム (BLACK JACK GAME)

블랙잭(BLACK JACK)의 역사

블랙잭 게임의 역사는 포커와 GIN RUMMY, 이탈리아의 SEVEN AND A HALF, 스페인의 ONE AND THIRD, 프랑스의 VINGT-ET-UN에서 유래되었다고 하며 이 모든 게임은 15세기 경 유럽에서 행해진 비슷한 카드게임들이다.

1854년 ELEANORE DUMONT는 NEVADA주에서 VINGT-ET-UN 게임의 레이아웃을 만들었고 1879년대 중반 사우스 다코타의 데드우드에서 VINGT-ET-UN이 영어로 번역되면서 TWENTY-ONE으로 알려지기 시작했다. 21게임이라고 이름이 붙여진 이유는 숫자카드 1에서 9까지를 더하면 45가되고 그림카드 3장과 10을 더하면 85가 되며 ONE DECK DEAL을 할 때 한 장을 BURN하면 84이고 이를 다시 FOUR SUIT인 4로 나누면 21이 되어 TWENTY ONE으로 이름 붙여졌고, 블랙잭으로 이름이 붙여진 것은 두 장의 카드로 합이 21이 되면 한 배 반 이외에 건 금액의 10%를 더 지불하는 룰이 있어 블랙잭으로 명명되었다 한다.

1919년 블랙잭 PAYS 3 TO 2라는 레이아웃이 처음 만들어졌고 1931년 미국의 NEVADA주에서 도박이 합법화 될 때까지 규칙들의 변화가 많았으나 점차 통일되어 전 세계로 보급되고 카지노에서 가장 인기 있는 게임 중 하나로 자리 잡았다.

블랙잭(BLACK JACK)의 정의

BLACK JACK GAME은 52장의 카드(CARD) 4 DECK 또는 6 DECK과 2장의 INDICATE CARD를 사용하는 GAME으로써, 일반적으로 BLACK JACK이라고 부르며, 21이 최고의 VALUE이다. 그러므로 PLAYER는 DEALER CARD의 VALUE보다 높고 21이나 21에 가까운 수를 만들어 승부하는 GAME이다.

블랙잭(BLACK JACK)의 특징

01 PLAYER는 21이나 21에 가까운 수를 만들기 위하여 PLAYER가 원하는 만큼의 CARD를 HIT할 수도 있고, STAY할 수도 있다.

02 DEALER는 PLAYER와는 달리 CARD에 기제 된 숫자의 합이 16까지는 의무적으로 CARD를 HIT하여야 하며, 17이상은 CARD를 HIT할 수가 없으며, 반드시 STAY하여야 한다.

✤ DEALER는 SOFT 17에 STAND ON임을 명심해야 한다.

第1節

ゲームのご説明(せつめい)

ディーラー　いらっしゃいませ。こんばんは。

顧　客A　こんばんは。これがブラック ジャックでしょう。

ディーラー　はい。そうなんです。

顧　客A　悪(わる)いけど私(わたし)の友達(ともだち)にブラック　ジャックのゲームを簡単(かんたん)に説明(せつめい)お願(ねが)いします。

ディーラー　かしこまりました。簡単(かんたん)にご説明(せつめい)を致(いた)しますと、このゲームはお客様(きゃくさま)とディーラー(ハウス)のカードーの合計(ごうけい)が21または21に最(もっと)も近付(ちかづ)ける方(ほう)が勝(か)ちになるゲームでございます。

顧　客B　ブラック ジャックは何(なん)ですか。

ディーラー　それは最初の2枚のカードーが必ず‘A’(エース)と‘10’またはピクチャー(J,　Q,　K)2枚を持つ場合をブラックジャックと言って配当金は1.5倍を差し上げます。

顧　客Ｂ　それでは、21を越す場合はどうなりますか。

ディーラー　そんな場合はプレーヤーでもディーラーでも21を越した方がゲームで負けるようになります。

顧　客Ｂ　カードーはいくらでも受けられますか。

ディーラー　お客様は21に近付けるまで何枚でも受けられますがディーラーは16以下は無条件に受けなければなりません。しかし17以上はカードーをもう受けられません。

顧　客Ｂ　やあ。難しいですね。

ディーラー　ごゆっくりゲームをなさいながら足(た)りない部分(ぶぶん)は私(わたし)がまたご説明(せつめい)を致(いた)します。

顧　客B　そうしましょう。どうぞよろしく。

ディーラー　こちらこそ。

제 1 절

게임 설명

딜　　러　　어서 오십시오. 안녕하십니까?

고 객 A　　안녕하세요. 이것이 블랙잭이죠?

딜　　러　　예. 그렇습니다.

고 객 A　　미안하지만, 제 친구에게 블랙잭 게임을 간단하게 설명을 부탁합니다.

딜　　러　　알겠습니다. 간단히 설명을 드리자면, 이 게임은 고객과 딜러(하우스)의 카드의 합계가 21 또는, 21에 가장 가까운 쪽이 승리하게 되는 게임입니다.

고 객 B　　블랙잭은 무엇입니까?

딜　　러　　그것은 최초 2장의 카드가 반드시 A와 10 또는 픽쳐(J, Q, K) 2장을 가지는 경우를 블랙잭이라고 하고, 배당금은 1.5배를 드립니다.

고 객 B　　그렇다면, 21을 초과한 경우는 어떻게 됩니까?

딜　러　　그런 경우는 플레이어나 딜러나 21을 초과한 측이 게임에서 지게 됩니다.

고 객 B　　카드는 얼마든지 받을 수 있습니까?

딜　러　　손님은 21에 가까워질 때까지 몇 장이라도 받을 수 있습니다만, 딜러는 16 이하는 무조건 받지 않으면 안 됩니다. 그러나 17 이상은 카드를 더 받을 수 없습니다.

고 객 B　　야아. 어렵군요.

딜　러　　천천히 게임을 하시면서 부족한 부분은 제가 다시 설명을 올리겠습니다.

고 객 B　　그렇게 합시다. 잘 부탁합니다.

딜　러　　저야말로 잘 부탁드립니다.

단어 정리 및 어휘 풀이

- でしょう：… 이지요. 상대에게 다짐하거나 동의를 구하는 말
  (연어)조동사「です」의 미연형「でしょ」+ 추량의 조동사「う」
  「だろう」의 공손한 말
- そうなんです。：그렇습니다.「そうです보다 정중한 말」
- 悪(わる)い：나쁘다. 悪(わる)いけど：미안하지만
- 友達(ともだち)：친구, 벗 = 友人「ゆうじん」
- 願(ねが)う：원하다, 바라다.
- ハウス：하우스[HOUSE：카지노를 지칭하는 말]
- 合計(ごうけい)：합계
- また(又)は：또는 = あるいは、もしくは
- 最(もっと)も：최고, (~중에서)제일, 가장
- 近付(ちかづ)ける： 근접시키다, 가까이하다.
- 方(ほう)：쪽, 편, 방향
- 勝(か)ち：승리, 이김
- 最初(さいしょ)：최초
- 枚(まい)：매, 장
- 必(かなら)ず：반드시, 꼭, 틀림없이. =「きっと」
- エース：에이스(카드의 A)
- ピクチャー：픽처, 그림(PICTURE：J, Q, K를 지칭)
- 持(も)つ：가지다, 쥐다, 있다.
- 場合(ばあい)：경우, 때

- 言(い)って : 말하고. 言(い)う-말하다.
- 倍(ばい) : 배, 갑절, 2배
- 差(さ)し上(あ)げる : … 하여드리다.
  「… してあげる」보다 공손한 말
- それでは : (접속, 연어)그럼, 그렇다면 = それじゃ
- 越(こ)す : 넘다, 초과하다.
- プレーヤ : 플레이어(PLAYER)
- でも : … 일지라도, … 이라도
- 負(ま)ける : 지다, 패배하다.
- 受(う)けられる : 받을 수 있다. 受(う)ける-받다.
- 以下(いか) : [수량, 정도, 단계]이하 ≠ 以上(いじょう) - 이상
- 無条件(むじょうけん) : 무조건
- 難(むずか)しい : 어렵다.
- 足(た)りない : 부족
- 部分(ぶぶん) : 부분
- こちらこそ : 저야말로, 이쪽이야 말로

보충 학습 포인트

인칭대명사

人称代名詞 (にんしょうだいめいし)			
自称(じしょう)	対称(たいしょう)	他称(たしょう)	不定称(ふていしょう)
わたくし わたし ぼく おれ わし	あなた あんた きみ おまえ	かれ かのじょ	だれ どなた どなたさま どちらさま

사람 수를 나타내는 표현

한 사람	一人	ひとり
두 사람	二人	ふたり
세 사람	三人	さんにん
네 사람	四人	よにん
다섯 사람	五人	ごにん
여섯 사람	六人	ろくにん
일곱 사람	七人	しちにん、ななにん
여덟 사람	八人	はちにん
아홉 사람	九人	くにん、きゅうにん
열 사람	十人	じゅうにん
몇 사람	何人	なんにん

第2節

ヒットとステイ

ディーラー　先ず、チップスをお買いになって下さいませんか。

顧　客A　はい、5万円ずつ替えて下さい。

ディーラー　かしこまりました。今日の為替は1万円で8万2千ウォンですから41万ウォンずつでございます。そしてこのテーブルのミニマムは5千ウォンからマキシマム30万ウォンまででございます。

顧客A,B　よく分かりました。

ディーラー　どうぞ、お賭け下さい。

顧　客A　私は2万ウォン賭けるよ。

顧　客B　私は下手だから1万ウォンだけ賭けます。

ディーラー　もう賭けられませんか。ノーモアベットでございます。ベッティングはこのベースの真ん中にお賭け下さいまして、チップスとカードはゲームが終わるまで手を触らないようにお願い致します。

顧客 A,B　分かりました。

カードを配った後

ディーラー　12でございます。どうなさいますか。追加カードが必要な時はヒット、必要でない時にはステイと正確におっしゃって下さい。

顧　客 A　もう1枚下さい。

ディーラー　ヒットですね。もう1枚でございます。おめでとうございます。21になりました。[顧客　Bを指しながら]。19でございます。

顧　客B　　私(わたし)はステイします。

ディーラー　　かしこまりました。ディーラーオープンでございます。20でございます。

제 2 절
힛과 스테이(HIT & STAY)

딜　러　　우선 칩스를 구매하여 주시지 않겠습니까?

고 객 A　　예. 5만엔씩 교환하여 주십시오.

딜　러　　잘 알겠습니다. 오늘의 환율은 1만엔에 8만2천원이니까 41만원씩입니다. 그리고 이 테이블의 미니멈은 5천원부터 맥시멈은 30만원까지 입니다.

고객 A,B　　잘 알겠습니다.

딜　러　　그럼 걸어 주십시오.

고 객 A　　저는 2만원 걸겠어요.

고 객 B　　저는 하수니까 1만원만 걸겠습니다.

딜　러　　더 거시지 않겠습니까? 더 거실 수 없습니다. 배팅은 이 베이스의 한중간에 걸어주시고, 칩스와 카드는 게임이 끝날 때까지 손을 대지 말아 주시기 바랍니다.

고객 A,B　　알겠습니다.

카드를 분배한 후

딜 러 12입니다. 어떻게 하시겠습니까? 추가 카드가 필요할 때는 히트, 필요없을 때에는 스테이라고 정확히 말씀하여 주십시오.

고 객 A 1장 더 주십시오.

딜 러 히트하셨군요. 1장 더 드리겠습니다. 축하합니다. 21이 되었습니다. [고객B를 가르치면서] 19입니다.

고 객 B 저는 스테이 하겠습니다.

딜 러 알겠습니다. 딜러카드 오픈입니다.
20입니다.

단어 정리 및 어휘 풀이

- ヒット：hit-카드를 한 장 더 받을 때 사용하는 용어
- ステイ：stay(stand) – 더 이상 카드를 받지 않을 때 사용하는 용어
- 先(ま)ず：우선, 먼저
- 今日(きょう)：오늘, 금일
- 為替(かわせ)：환율 [rate：レート]
- ミニマム：미니멈, 최저 배팅 금액[minimum]
- マキシマム：맥시멈, 최고 배팅 금액[maximum]
- 下手(へた)：하수, 서투른 사람 ≠ 上手[じょうず]
- ノーモアベット：더 걸수 없습니다. [no more bet!]
- ベッティング：배팅 [betting]
- ベース：베이스, 배팅하는 장소 [base]
- 真(ま)ん中(なか)：한가운데, 중앙
- 触(さわ)る：손대다, 접촉하다.
- 配(くば)る：분배하다, 나누다.
- 後(あと,ご)：후, 뒤
- 追加(ついか)：추가
- 必要(ひつよう)：필요
- 時(とき)：때, 시간
- 正確(せいかく)に：정확하게
- おっしゃ(仰)る：「言う」의 높임말. 말씀하시다.
- 指(さ)す：가리키다, 지목하다.
- オープン：open – 카드를 face up 하는 동작

第3節

ブラック ジャック ペイとイーベンマネー

ディーラー　どうぞ、賭けて下さい。もう賭けられませんか。

顧　客B　ちょっと、質問がありますが、カードがどのように出たらブラック ジャックになりますか。

ディーラー　ブラック　ジャックはエースは1または11と計算して10とピクチャー(キング、クイーン、ジャック)はすべて10で計算されます。最初2枚のカードの合計が21になった場合はブラック ジャックでございますが、3枚以上はただ21でございます。

顧　客B　では、客とディーラーが一緒にブラック　ジャックの場合はどうしますか。

ディーラー　もしディーラーとお客様がブラック　ジャックの場合は引き分けになります。しかし、ディーラーのオープンカードかエースの時はお客様にイーブンマネーを伺います。お客様がイーブンマネーが宜しければ賭け金の1倍をお支払い致します。

顧　客Ｂ　ディーラーがブラック　ジャックではない場合はどうなりますか。

ディーラー　そんな場合はノーブラック　ジャックとコールした後、お客様に1.5倍をさっき払って残りゲームを続いて進行致します。

顧 客 Ｂ　なるほど。

제 3 절
블랙잭 페이 & 이븐머니(BLACK JACK PAY & EVEN MONEY)

딜　　러　　그럼, 걸어 주십시오. 더 거시지 않겠습니까?

고 객 B　　잠깐만, 질문이 있는데요, 카드가 어떻게 나오면 블랙잭이 됩니까?

딜　　러　　블랙잭은 에이스는 1또는 11로 계산하고 10과 픽쳐(킹, 퀸, 잭)은 모두 10으로 계산합니다. 최초 2장의 카드의 합계가 21이 되는 경우는 블랙 잭입니다만, 3장 이상은 그냥 21입니다.

고 객 B　　그럼, 손님과 딜러가 같이 블랙잭인 경우는 어떻게 합니까?

딜　　러　　혹시 딜러와 손님이 블랙잭인 경우는 비기게 됩니다. 그러나 딜러의 오픈 카드가 에이스인 때는 손님께 이븐머니를 여쭙습니다. 손님께서 이븐머니가 괜찮으시다면 거신 금액의 1배를 지불해 드립니다.

고 객 B　　딜러가 블랙잭이 아닌 경우는 어떻게 됩니까?

딜　러　　그런 경우는 노 블랙잭이라고 콜 한 후 손님에게 1.5배를 지불하고 나머지 게임을 계속해서 진행합니다.

고 객 B　　그렇군요.

단어 정리 및 어휘 풀이

- ちょっと：잠깐, 잠시
- 質問(しつもん)：질문
- 出(で)たら：나오면 … [でる의 가정형]
- エース：에이스 [card value – A]
- ピクチャー：픽쳐 [picture – 카드의 J, Q, K를 일컬음]
- キング、クイーン、ジャック：킹[king], 퀸[queen], 잭[jack]
- 計算(けいさん)：계산
- すべて：모두, 모조리
- される：하다, 당하다 [する의 수동, 가능]
- 最初(さいしょ)：최초
- 合計(ごうけい)：합계
- 引(ひ)き分(わ)け：무승부, 비김
- 伺(うかが)う：여쭙다 [묻다, 듣다의 겸사말]
- イーブンマネー：even money (1배 pay – 1to1)
- 宜(よろ)しい：좋으시다면 [よい의 공손한 표현]
- ノーブラック ジャック：no black jack
- コール：call
- 残(のこ)り：남음, 나머지
- 続(つづ)く：계속하다, 이어지다.
- なるほど：과연, 정말 [상대방의 말에 긍정이나 동의를 나타냄]

第４節

スプリット

顧　客Ａ　あっ、9と9が出た。
こんな時はスプリットが出来るんでしょう。

ディーラー　勿論でございます。

顧　客Ｂ　え、スプリットは何。

ディーラー　スプリットと言うのは最初に出た2枚のカードが同じ数字の場合にカードを分けて、ゲームをなさる事が出来るブラック ジャックのルールでございます。
スプリットなさいましょうか。

顧　客Ａ　はい。スプリットして下さい。

ディーラー　では、元金と同じの金額をもう一回お賭け下さい。

顧　客A　分かりました。元金の以上はいけないでしょう。

ディーラー　そうなんです。元金だけ賭けられます。

顧　客B　スプリットすればカードを分けてカードは何枚でも貰えますか。

ディーラー　はい。21までは何枚でも貰えます。
しかし最初に出た2枚のカードがエースの場合は一枚ずつしか受けられません。

顧　客B　どうしてですか。

ディーラー　恐れ入りますが、それはブラック ジャックのルールでございます。

顧　客B　いや、珍しいですね。

제 4 절

스플릿(SPLIT)

고 객 A　아, 9와 9가 나왔다.
이럴 때는 스플릿이 가능하지요?

딜　러　물론입니다.

고 객 B　어, 스플릿은 뭐야?

딜　러　스플릿이란 최초에 나온 2장의 카드가 같은 숫자일 경우에 카드를 나누어서 게임을 하실 수 있는 블랙잭의 규칙입니다.
스플릿 하시겠습니까?

고 객 A　예. 스플릿 해주십시오.

딜　러　그럼, 원 배팅금과 같은 금액을 한 번 더 걸어 주십시오.

고 객 A　알겠습니다. 원 배팅금 이상은 안 됩니까?

딜　러　그렇습니다. 원 배팅금 까지만 거실 수 있습니다.

고 객 B　스플릿 하면 카드를 나누어서 몇 장이라도 받을 수 있습니까?

딜　　러　　예. 21까지는 몇 장이라도 받을 수 있습니다.
그러나, 최초에 나온 2장의 카드가 에이스일 경우는 1장씩 밖에 받을 수 없습니다.

고 객 B　　왜 그렇습니까?

딜　러　　죄송합니다만, 그것은 블랙잭 룰입니다.

고 객 B　　이야, 신기하군요.

단어 정리 및 어휘 풀이

- スプリット：split
- 出(で)る：나오다, 나가다. ≠ [入(はい)る]
- 言(い)うのは：~라고 하는 것은. [言う：(5타)–말하다]
- 元金(もときん)：원금 – original bet
- ルール：룰. game rule
- 貰(もら)う：받다, 얻다. = 受ける
- しか：~밖에 [반드시 부정형이 동반]
- どうして：왜, 어째서, 무엇 때문에 = [なぜ]
- 恐(おそ)れ入(い)る：황송해하다, 송구스럽다.
- 珍(めずら)しい：드물다, 신기하다, 희한하다.

第５節

ダブル・ダウン

ディーラー　お客様、ダブル・ダウンをなさいませんか。

顧　客Ｂ　ダブル・ダウンはどうしますか。

ディーラー　はい。ダブル・ダウンは賭け金と同じ金額をもう一回賭けられる事でございます。それから大抵お客様のカードの合計が11を過ぎない場合になさいます。

顧　客Ｂ　いつでも出来ますか。

ディーラー　いいえ。始めて配った2枚のカードに限って出来ますし、ダブル・ダウンは1枚しか受けられません。

顧　客Ｂ　もし、2枚のカードが12か13の場合はダブル・ダウンが出来ませんか。

ディーラー　勿論、出来ます。しかしカードの一組52枚の中で最も多い数字は10とピクチャーでしょう。
12か13の場合にダブル・ダウンをなさって、もし10とピクチャーカードが出たらオーバーになるから他のお客様は一般的に11以下の時にダブル・ダウンをなさいます。

顧　客B　そうですね。

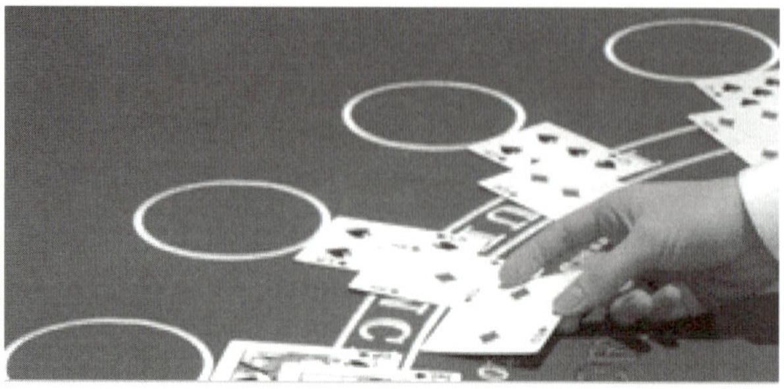

제5절

더블 다운(DOUBLE DOWN)

딜　　러　　손님, 더블다운을 하시지 않으시겠습니까?

고 객 B　　더블다운은 어떻게 합니까?

딜　　러　　예. 더블다운은 배팅금과 같은 금액을 한 번 더 거실 수 있는 것입니다. 그리고 대체로 손님의 카드의 합계가 11을 초과하지 않는 경우에 하십니다.

고 객 B　　언제든지 가능합니까?

딜　　러　　아니오. 처음 분배된 2장의 카드에 한해서 가능하며, 더블다운은 1장밖에 받을 수 없습니다.

고 객 B　　혹시, 2장의 카드가 12나 13의 경우는 더블다운이 안됩니까?

딜　　러　　물론, 됩니다. 그러나 카드의 한 묶음 52장 중에 가장 많은 숫자는 10과 그림이지요? 12나 13의 경우에 더블다운을 하셔서, 혹시 10과 그림 카드가 나오면 오버가 되기 때문에 다른 손님들은 일반적으로 11 이하일 때 더블다운을 하십니다.

고 객 B　　그렇군요.

단어 정리 및 어휘 풀이

- ダブル・ダウ：double down
- どうしますか。：어떻게 합니까?
- 大抵(たいてい)：대개, 대체로
- 過(す)ぎる：넘다, 지나가다.
- いつでも：언제라도, 항상
- しかし：그러나, 하지만
- 一組(ひとくみ)：한조, 쌍, 벌, 한 묶음 [카드의 한 deck]
- 中(なか)：중, 안에
- 多(おお)い：많다. ≠ 少(すく)ない
- 初(はじ)めて：최초로, 처음으로
- 限(かぎ)る：제한하다, 한정하다.
- オーバー：over
- 一般的(いっぱんてき)に：일반적으로
- でしょう：だろう의 공손한 말. ~이지요, ~일 것입니다.
- 以下(いか)：이하 ≠ 以上(いじょう)

제 6 절

インシュアランス(保険(ほけん))

ディーラー　どうぞ、賭(か)けて下(くだ)さい。
ノーモアベットでございます。

ディーラー　ディーラーのオープンカードがエースでございます。
インシュアランスを賭(か)けますか。

顧　客Ｂ　インシュアランスは何(なん)の意味(いみ)ですか。

ディーラー　インシュアランスと言(い)うのは保険(ほけん)と言(い)う意味(いみ)でディーラーがブラック ジャックになる可能性(かのうせい)がありますのでお客様(きゃくさま)は元賭(もとか)け金(きん)の半分(はんぶん)まで賭(か)けられるブラック ジャックのルール中(なか)の一(ひと)つでございます。

顧　客B　インシュアランスを賭けた後はどうなりますか。

ディーラー　もし、ディーラーがブラック　ジャックになれば賭け金は負けになりますが、インシュアランスを賭けた方は保険金の2倍を受けますので、結果的には元々になります。

顧　客B　もし、ディーラーがブラック　ジャックじゃない場合はどうなりますか。

ディーラー　ディーラーがブラック　ジャックじゃない場合はインシュアランスにお賭けになった賭け金だけ取られてゲームはそのまま続けられます。

顧　客B　面白いですね。よし、保険、賭けて見ましょう。

ディーラー　ラスト・コルノーブラック ジャックでございます。

제 6 절

인슈어런스(보험-INSURANCE)

딜 러	그럼, 걸어주십시오. 더 거실 수 없습니다.

딜 러	오픈 카드가 에이스입니다. 인슈어런스를 거시겠습니까?
고 객 B	인슈어런스란 무슨 뜻입니까?
딜 러	인슈어런스란 것은 보험이란 의미로 딜러가 블랙잭이 될 가능성이 있기 때문에 손님은 원 배팅금의 반까지 걸 수 있는 블랙잭의 룰 중의 하나입니다.
고 객 B	인슈어런스를 건 후에는 어떻게 됩니까?
딜 러	만약, 딜러가 블랙잭이 되면 배팅금을 잃게 됩니다만, 인슈어런스를 거신 분은 보험금의 2배를 받기 때문에 결과적으로는 비기게 됩니다.

고 객 B　　만약, 딜러가 블랙잭이 아닌 경우는 어떻게 됩니까?

딜　　러　　딜러가 블랙잭이 아닌 경우는 인슈어런스에 거신 배팅금만 잃게 되고 게임은 그대로 계속 진행됩니다.

고 객 B　　재미있군요. 좋아, 보험을 걸어봅시다.

딜　　러　　라스트 콜입니다. 노 블랙잭입니다.

단어 정리 및 어휘 풀이

- ディーラーのオープンカード：dealer open card (hole card)
- インシュアランス：보험 [insurance]
- 意味(いみ)：의미, 뜻
- 保険(ほけん)：보험 保険金[ほけんきん]-보험금
- 言(い)う：말하다, 일컫다.
- 可能性(かのうせい)：가능성
- 元賭(もとか)け金(きん)：원 배팅금
- 半分(はんぶん)：반, 절반
- 内(うち)：내, 안
- 一(ひと)つ：하나, 한 개
- 後(ご,あと)：후, 뒤에 나중에 ≠ 前(ぜん,まえ)：앞, 정면
- どうなりますか：어떻게 됩니까?
- 結果的(けっかてき)：결과적
- 元々(もともと)：본전치기, 손해도 이득도 없음, 원래대로임
- そのまま：그대로, 본래대로
- 続(つづ)く：계속되다, 이어지다, 연속되다.
- ラスト・コル：last call　라스트 콜[마지막 배팅 기회]
- ノーブラック ジャック：no blackjack　노 블랙잭[블랙잭이 아님]

보충 학습 포인트

때를 나타내는 표현

	日(날)	週(주)	月(달)	年(해)
과거	おととい (그저께)	せんせんしゅう 先先週 (지지난 주)	せんせんげつ 先先月 (지지난 달)	いっさくねん 一昨年 (재작년)
	きのう 昨日 (어제)	せんしゅう 先週 (지난주)	せんげつ 先月 (지난달)	きょねん、さくねん 去年、昨年 (작년)
현재	きょう 今日 (오늘)	こんしゅう 今週 (이번 주)	こんげつ 今月 (이번 달)	ことし 今年 (올해, 금년)
미래	あした、あす 明日 (내일)	らいしゅう 来週 (다음주)	らいげつ 来月 (다음달)	らいねん 来年 (내년)
	あさって 明後日 (모레)	さらいしゅう 再来週 (다다음주)	さらいげつ 再来月 (다다음달)	さらいねん 再来年 (내후년)
	しあさって (글피)			
매~	まいにち 毎日 (매일)	まいしゅう 毎週 (매주)	まいげつ 毎月 (매월)	まいとし、まいねん 毎年 (매년)
기타 표현	やすみのひ 休みの日 (쉬는 날) きゅうじつ 休日 (휴일)	しゅうまつ 週末 (주말) こうきゅうび 公休日 (공휴일)	じょうじゅん 上旬 (초순) ちゅうじゅん 中旬 (중순)	おわり 終り (말) ねんまつ 年末 (연말)

第７節

サレンダー

顧　客Ａ　16だね。困るな。サレンダーしようかな。

ディーラー　サレンダーなさいますか。

顧　客Ｂ　サレンダーはまた何ですか。

ディーラー　それは始めの受けた二枚のカードの合計がゲームで勝ち目がないと思った場合にそのゲームを諦める事をサレンダーと申します。

顧　客Ａ　サレンダーは賭け金の半分だけ失う事でしょう。

ディーラー　はい。そうなんです。

顧　客Ａ　仕方がないですね。サレンダーします。

ディーラー　かしこまりました。

顧　客B　サレンダーはいつでも出来ますか。

ディーラー　恐れ入りますが、ブラック ジャックの全てのルールは最初二枚のカードである時だけ適用されます。

顧　客B　よく分かりました。

제 7 절

서렌다(SURRENDER)

고 객 A	16이군. 서렌다 할까?
딜 러	서렌다 하시겠습니까?
고 객 B	서렌다는 또 무엇입니까?
딜 러	그것은 처음 받은 2장의 카드의 합계가 게임에서 이길 승산이 없다고 생각한 경우에 그 게임을 포기하는 것을 서렌다라고 합니다.
고 객 A	서렌다는 배팅금의 반만 잃는 것이지요?
딜 러	예, 그렇습니다.
고 객 A	방법이 없군요. 서렌다 하겠습니다.
딜 러	알겠습니다.
고 객 B	서렌다는 언제든지 가능합니까?

딜　러　　죄송합니다만, 블랙잭의 모든 룰은 최초 2장의 카드일 때만 적용됩니다.

고 객 B　　잘 알겠습니다.

단어 정리 및 어휘 풀이

- サレンダー：surrender [항복, 포기]
- 困(こま)るな。：곤란하군. [な。(간조)−남성 용어]
  困まる：곤란하다, 어려움을 겪다.
- 勝(か)ち目(め)：이길 낌새, 승리할 가망
- 思(おも)う：생각하다, 믿다, 예상하다.
- 諦(あきら)める：포기하다.
- 申(もう)す：말하다. [言う의 겸사말, 공손한 말씨]
- 失(うしな)う：잃다.
- 仕方(しかた)がない：달리 방법이 없다. 하는 수 없다.
- 全(すべ)て：전부, 모두, 모조리
- 適用(てきよう)：적용

보충 학습 포인트

가족(家族) 호칭

호 칭	자기 가족	타인의 가족
아버지	父(ちち)	お父さん(おとうさん)
어머니	母(はは)	お母さん(おかあさん)
형, 오빠	兄(あに)	お兄さん(おにいさん)
누나, 언니	姉(あね)	お姉さん(おねえさん)
남동생	弟(おとうと)	弟さん(おとうとさん)
여동생	妹(いもうと)	妹さん(いもうとさん)
할아버지	祖父(そふ)	おじいさん
할머니	祖母(そぼ)	おばあさん

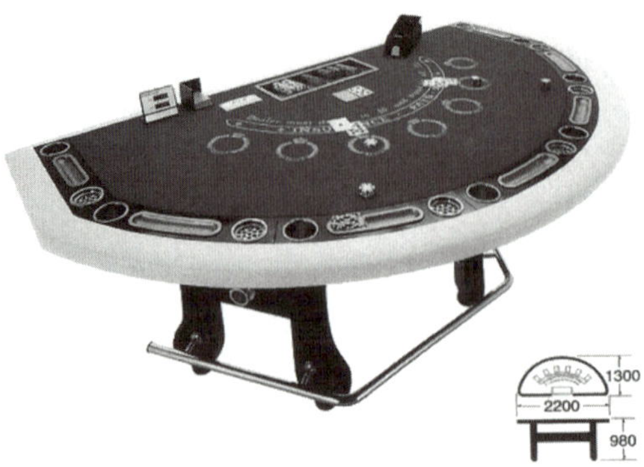

第８節

ゲームの方法

- このゲームは自分のカードの合計が21を超えないで21または21に最も近付ける事です。

- 自分のカードの合計がディーラーより21に近ければ勝ち、そうでない場合は負けになります。

- カウントはカードに書いてある数字で価値を計算しますが、エースは1または11で、ピクチャー(キング、クイーン、ジャック)は10で計算されます。

- ディーラーはベッティングした各のベースに左側から順序によって2枚のカードをフェス　アップして配りますし、ディーラーのカードは下の1枚はフェス ダウンして、上の1枚はフェス アップされます。

- プレーヤーのゲームの様子が決まった後、ディーラーはカードをオープンされて、もし、ディーラーのカードの合計が16以下である場合、ディーラーは17以上になるまで必ずヒットしなければなりません。

- しかし、ディーラーが21を超えた場合は、ゲームに残っている全てのプレーヤーに賭け金を支払いなければなりません。

- プレーヤーとディーラーが同じブラック　ジャックでしたら、引き分けになります。

- ゲームのテーブルは最低と最高のベッティングの種類が様々です。席にお座る前にテーブルのリミットを確認して下さい。

제 8 절

게임 방법

- 이 게임은 자기의 카드의 합계가 21을 초과하지 않고 21 또는 21에 가장 가깝게 하는 것입니다.

- 자기의 카드 합계가 딜러보다 21에 가깝다면 승리, 그렇지 않은 경우는 지게 됩니다.

- 카운트는 카드에 적혀져있는 숫자로 가치를 계산 합니다만, 에이스는 1또는 11로, 픽쳐(킹, 퀸, 잭)은 10으로 계산합니다.

- 딜러는 배팅한 각 베이스에 좌측부터 순서에 의해 2장의 카드를 페이스 업해서 분배하고, 딜러의 카드는 밑의 1장은 페이스 다운하고, 위의 1장은 페이스 업시킵니다.

- 플레이어의 게임 상황이 결정된 후, 딜러는 카드를 오픈시키고, 만약 딜러의 카드의 합계가 16이하일 경우, 딜러는 17이상이 될 때까지 반드시 히트를 해야 합니다.

- 그러나, 딜러가 21을 초과한 경우는, 게임에 남아있는 모든 플레이어에게 배팅금을 지불하게 됩니다.

- 플레이어와 딜러가 같이 블랙잭이라면 비기게 됩니다.

- 게임의 테이블은 미니멈과 맥시멈의 배팅 종류가 다양 하게 있습니다. 좌석에 앉기 전에 테이블의 리미트를 확인하여 주시기 바랍니다.

단어 정리 및 어휘 풀이

- 方法(ほうほう) : 방법
- 自分(じぶん) : 자기 자신
- 超(こ)える : 넘다, 초과하다.
- 近付(ちかづ)ける : 가까이하다, 접근시키다.
- カウント : count
- 価値(かち) : 가치
- される : [する]의 높임말, [する]의 수동의 뜻
- 各(かく) : 각, 각자
- ベース : base (betting place)
- 左側(ひだりがわ) : 좌측
- 順序(じゅんじょ) : 순서
- フェス アップ : face up
- フェス ダウン : face down
- 様子(ようす) : [사물의] 상태나 상황
- 決(き)まる : 결정하다.
- 残(のこ)る : 남다.
- 最低(さいてい) : 최저 [minimum]
- 最高(さいこ) : 최고 [maximum]
- 様々(さまざま) : 가지가지, 여러 가지
- 確認(かくにん) : 확인

보충 학습 포인트

조수사(2)

	番(번)	個(개)	号室(호실)	円(엔)	泊(박)
1	一番 いちばん	一個 いっこ	1号室 いちごうしつ	一円 いちえん	一泊 いっぱく
2	二番 にばん	二個 にこ	2号室 にごうしつ	二円 にえん	2泊 にはく
3	三番 さんばん	三個 さんこ	3号室 さんごうしつ	三円 さんえん	3泊 さんぱく
4	四番 よんばん	四個 よんこ	4号室 よんごうしつ	四円 よえん	4泊 よんはく
5	五番 ごばん	五個 ごこ	5号室 ごごうしつ	五円 ごえん	5泊 ごはく
6	六番 ろくばん	六個 ろっこ	6号室 ろくごうしつ	六円 ろくえん	6泊 ろっぱく
7	七番 ななばん	七個 ななこ	7号室 ななごうしつ	七円 ななえん	7泊 ななはく
8	八番 はちばん	八個 はっこ	8号室 はちごうしつ	八円 はちえん	8泊 はっぱく
9	九番 きゅうばん	九個 きゅうこ	9号室 きゅうごうしつ	九円 きゅうえん	9泊 きゅうはく
10	十番 じゅうばん	十個 じゅっこ	10号室 じゅうごうしつ	十円 じゅうえん	10泊 じゅっぱく
11	十一番 じゅういちばん	十一個 じゅういっこ	11号室 じゅういちごうしつ	十一円 じゅういちえん	11泊 じゅういっぱく
何	何番 なんばん	何個 なんこ	何号室 なんごうしつ	いくら	何泊 なんぱく

第４章

バカラのゲーム

(BACCARAT GAME)

第１節　ゲームの規則(きそく)とカード・カウンティング

第２節　バンカー コミッション

第３節　ゲームの方法(ほうほう)

바카라(Baccarat)의 역사

바카라(Baccarat)의 역사는 고대 에트루리아(Etruscan)의 아홉 신들의 의식연구에 기초하여 펠릭스 팔게에르(Flix Falguire)라는 도박꾼에 의해서 만들어 졌다한다. 전설에 의하면 B.C 2600년 로마에는 사원이 있었는데 아홉 신들이 아홉명의 금발의 처녀들에게 아홉 면의 주사위를 던지게 해서 만일 주사위를 던져 8, 9가 나오면 성직자나 여 사제가 되고 6, 7이 나오면 여 사제의 자격이 박탈되고, 5 이하를 던지면 바다 속으로 들어가야 했다는 전설에서 비롯된 것이라 한다.

바카라는 샤를 8세(Charles Ⅷ, 1470~1498)가 통치하던 15시기 말, 프랑스로 유입되어 상류사회 귀족들 사이에서 크게 유행하기 시작하였으며 나폴레옹 시대에서는 전면 금지되어다. 그 후, 1907년 에드워드 7세(Edward Ⅶ, 1841~1910) 때 다시 합법화 되어 쉬미(Shmmy)란 게임으로 영국에 알려졌으며, 1912년에 미국으로도 전해졌다.

바카라(Baccarat)는 숫자 게임에 의하여 고안되었으며 유럽의 바카라 엔 방퀘(Baccarat En Banque), 셔맨 드 페르(Chemin De Fer)는 이탈리아의 바카라(Baccarat) 게임의 원조이며, 1940년대 플로리다와 카리브 연안에서 성행하였던 셔맨 드 페르(Chemin De Fer)를 1950년대 토미 렌조니(Tommy Renzoni)가 쿠바의 카지노에서 배워 네바다(Nevada) 카지노에 소개하였고 1958년 라스베가스 카지노에 쉬미(Shmmy)란 이름으로 등장하여 오늘날의 네바다 스타일 바카라(Nevada Style Baccarat)가 정착하게 되었으며 우리나라에는 1970년대 초에 보급되어 카지노에서 가장 인기 있는 게임으로 자리 잡고 있다.

바카라의 종류는 다양하고 이름도 바카라 엔 방퀘(Baccarat En Banque), 셔맨 드 페르(Chemin De Fer), 푼토 방코(PUNTO BANCO) 등 다양하게 불리지만 바카라 엔 방퀘는 플레이어(Player)가 5이고 뱅커(Banker)가 6이하이면 플레이어가 세 번째 카드(Third Card)를 받을 것인가 안 받을 것인가를 결정할 수 있는 게임 룰(Game Rule)을 제외하면 세계 카지노 게임 중에서 가장 쉽게 배울 수 있다는 점과 다른 게임과 비교하여 가장 단순하며, 패턴(Pattern) 작성으로 얻어지는 예측 가능성이 있는 게임으로 인기가 가장 높은 게임 중의 하나다.

바카라(Baccarat)는 원래 유럽의 귀족들이 즐겼던 게임이었기 때문에 다른 테이블게임과는 조금 떨어진 곳에 두고 운영해 왔다. 아직까지도 메인 바카라(Main Baccarat)를 다른 테이블게임과는 간격을 두고 운영하고 있는 이유가 여기에서 비롯된 것이다. 또한 테이블 크기나 장식도 훨씬 세련되고 고급스럽다. 하지만 귀족의 게임이었던 바카라(Baccarat)는 이제 상당히 대중화 되었다. 이는 바카라의 대중화를 위해 메인 바카라의 레이아웃(Layout)을 다소 변형시킨 미디 바카라(Midi Baccarat)와 미니 바카라(Mini Baccarat)를 만들었기 때문이다. 바카라(Baccarat)에는 크게 세 종류가 있는데 두 종류의 유럽식 바카라와 미국 바카라다. 바카라(Baccarat)는 원래 유럽의 귀족들이 즐겼던 게임이었기 때문에 다른 테이블게임과는 조금 떨어진 곳에 두고 운영해 왔다. 아직까지도 메인 바카라(Main Baccarat)를 다른 테이블게임과는 간격을 두고 운영하고 있는 이유가 여기에서 비롯된 것이다. 또한 테이블 크기나 장식도 훨씬 세련되고 고급스럽다. 하지만 귀족의 게임이었던 바카라(Baccarat)는 이제 상당히 대중화 되었다. 이는 바카라의 대중화를 위해 메인 바카라의 레이아웃(Layout)을 다소 변형시킨 미디 바카라(Midi Baccarat)와 미니 바카라((Mini Baccarat)를 만들었기 때문이다. 바카라(Baccarat)에는 크게 세 종류가 있는데. 두 종류의 유럽식 바카라와 미국 바카라다.

바카라(BACCARAT) 게임진행

정해진 룰(Rule)에 의하여 진행되는 카드게임(Card Game)으로서, 카드 숫자의 합이 9(Nine)이 최고 높은 숫자이며, 플레이어/뱅커(Player/Banker) 2개의 배팅 사이드(Betting Side)가 있어, 플레이어(Player)는 어느 한 쪽을 선택하여 배팅 할 수 있다.

카드 카운팅(Card Counting)

바카라(Baccarat)의 뜻은 카드놀이의 일종으로 표시되어 있기도 하며 0, 또는 바보 등 좋지 않은 의미로도 해석된다.

카지노 게임의 바카라(Baccarat)는 일반 테이블 게임과는 다른 식으로 카드 카운팅(Card Counting)이 이루어진다.

01 그림카드(Picture Card)와 10 카드(Card)는 제로(Zero, 0)으로 계산한다.

① A = 1로 계산

② 2, 3, 4, 5, 6, 7, 8, 9 = 표시된 숫자 그대로 계산

③ 10, J, Q, K = 0으로 계산

④ 십진법을 사용하여 합이 10을 초과하면 0으로 계산

02 Player의 의지에 따라 Card를 더 받거나 안 받을 수 없으며, 오로지 Game Rule에 의해서만 카드가 분배된다.

BACCARAT RULE

PLAYER

HAVING	
1-2-3-4-5	DRAWS A CARD
6-7	STAND
8-9	NATURAL, BANKER CANNOT DRAW

BANKER

HAVING	DRAWS WHEN GIVING	DOSE NOT DRAWS WHEN GIVING
1-2	DRAWS	
3	1-2-3-4-5-6-7-9	8
4	2-3-4-5-6-7	1-8-9
5	4-5-6-7	1-2-3-8-9
6	6-7	1-2-3-4-5-8-9
7	STANDS	
8-9	NATURAL, PLAYER CANNOT DRAW	

第１節

ゲームの規則とカード・カウンティング

顧　客Ａ　バカラゲームのルールをちょっと教えて貰えますか。

ディーラー　はい。このバカラゲームのベッティングの所はプレーヤー側とバンカー側、タイ、このような三つの所がございまして、お客様はどちらでもお好きな所に賭けられます。

顧　客Ａ　カード カウントはどうしますか。

ディーラー　バカラゲームのカード計算(カウンティング)は　エース(A)は1 として計算し、10とピクチャー(K, Q, J)は0として計算されます。その以外のカード、2から9まではカードに表示された数字でカウンティングしますが、カードの合計が10以上の場合は一桁だけ計算されます。例えば、5と8は3で計算します。

顧　客A　では、バカラで一番高い数字(手)は何ですか。

ディーラー　バカラゲームの最高のハンド(手)は9で、次では8、7、6等の数字の逆順でございます。ルールによって2枚または3枚のカードの合計が9または9に一番近いハンド(手)が勝ちになります。

顧　客B　カードは何枚までも受けられますか。

ディーラー　両方とも3枚まで受けられますが、最初にプレーヤー側とバンカー側に各2枚ずつ配ったカードの合計とルールによって三番目の追加のカードが決まります。

제 1 절

게임 규칙 및 카드 카운팅

고 객 A　　바카라 게임의 룰을 조금 가르쳐 주시겠습니까?

딜　　러　　예. 이 바카라 게임의 배팅 장소는 플레이어 측과 뱅크 측, 타이. 이렇게 3군데가 있으며, 손님은 어느 곳이든 좋아하시는 장소에 걸 수 있습니다.

고 객 A　　카드 카운트는 어떻게 합니까?

딜　　러　　바카라 게임의 카드 계산은 에이스(A)는 1로 계산하고, 10과 픽쳐(K, Q, J)는 0으로 계산합니다. 그 이회의 카드, 2부터 9까지는 카드에 표시된 숫자로 카운팅 합니다만, 카드의 합계가 10이상의 경우는 1자리 수까지 계산합니다. 예를 들면, 5와 8은 3으로 계산합니다.

고 객 A　　그럼, 바카라에서 제일 높은 수(핸드)는 무엇입니까?

딜　　러　　바카라 게임의 최고의 핸드(수)는 9이고, 다음의 로는 8, 7, 6 등의 숫자의 역순입니다. 룰에 의하여 2장 또는 3장의 카드의 합계가 9 또는 9에 제일 가까운 핸드(수)가 승리하게 됩니다.

고 객 B　　카드는 몇 장이라도 받을 수 있습니까?

딜　 러　　양쪽 모두 3장까지 받을 수 있습니다만, 최초에 플레이어 측과 뱅크 측에 각 2장씩 분배한 카드의 합계와 룰에 의해서 3번째의 추가 카드가 결정됩니다.

단어 정리 및 어휘 풀이

- カウンティング：카운팅(counting)
- バカラ：바카라 게임(baccarat)
- ちょっと：조금, 잠시
- 教(おし)えて貰(もら)えますか。：가르쳐 주실 수 있습니까?
- プレーヤー側(がわ)：플레이어(player) 측(side)
- バンカー側(がわ)：뱅크(banker) 측(side)
- タイ：tie (비김) = 引(ひ)き分(わ)け
- ベッティング：(돈을)걸다. [betting] = 賭ける
- 所(ところ)：곳, 장소
- どちらでも：어디든지, 어느 쪽이든지
- お好(す)きな所(ところ)に：좋아하시는 곳에, 원하시는 장소에
- 表示(ひょうじ)：표시
- 一桁(ひとけた)：1자리 수
- ハンド(手)：핸드(hand)
- 次(つぎ)：다음
- 逆順(ぎゃくじゅん)：역순, 반대 순서
- ルールによって：룰(rule)에 의해서
- 一番(いちばん)：첫 번째, 제일
- 両方(りょうほう)とも：양쪽 모두
- 三番目(さんばんめ)：세 번째
- 決(き)まる：결정되다.

보충 학습 포인트

예외 1그룹 동사

실패하다	しくじる	주무르다	弄(いじ)る	삶다	煮(に)る	잘게찢다	ちぎる
필요하다	要(い)る	달리다	走(はし)る	줄다	減(へ)る	무성하다	茂(しげ)る
돌아가다	帰(かえ)る	섞이다	混(ま)じる	쥐다	握(にぎ)る	떨어지다	散(ち)る
갉아먹다	かじる	따지다	なじる	알다	知(し)る	실패하다	しくじる
수다떨다	しゃべる	가리다	遮(さえぎ)る	젖다	湿(しめ)る	들어가다	入(はい)る
안달하다	焦(あせ)る	가다	参(まい)る	차다	蹴(け)る	구불거리다	くねる
괴롭히다	いびる	놀리다	やじる	비웃다	朝蹶(あさけ)る	미끄러지다	滑(すべ)る
제한하다	限(かぎ)る	자르다	切(き)る	꼬집다	つねる	모시다	侍(はべ)る

第2節

バンカー コミッション

ディーラー　ベットダウン プリズ。宜(よろ)しいでございますか。
ノーモアベット。
カード・フォ・プレーヤー、カード・フォ・バンカー。
プレーヤース、バンカース。

顧　客B　今(いま) ベッティングしてもいいですか。

ディーラー　申(もう)し訳(わけ)ございませんが、カジノ内(うち)の全(すべ)てのゲームはシュからカードが出(で)たあとには絶対(ぜったい)にベッティングができません。

顧　客B　あ、ごめん。

ディーラー　カード・オープンします。プレーヤー5, バンカー3, ワンモアカード・フォ・プレーヤー、ドロー0, スチール5。ワンモアカード・フォ・バンカー、ドロー6, 合(あ)わせて9. バンカーウィンでございます。

顧　客Ａ　　やった、勝った。

ディーラー　　おめでとうございます。
バンカー側にベッティングなさったお客様はコミッションを取るまで少々お待ち下さい。

顧　客Ａ　　コミッションは何ですか。

ディーラー　　バカラのゲームではバンカー側が勝った場合には5%(パーセント)のコミッションを取るようになっております。

顧　客Ａ　　そうですか。分かりかりました。

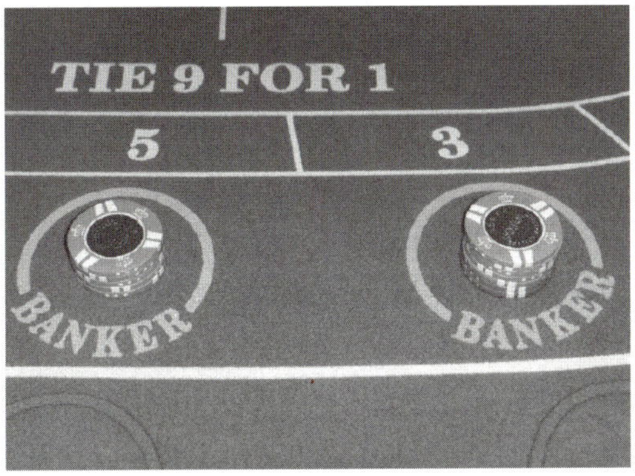

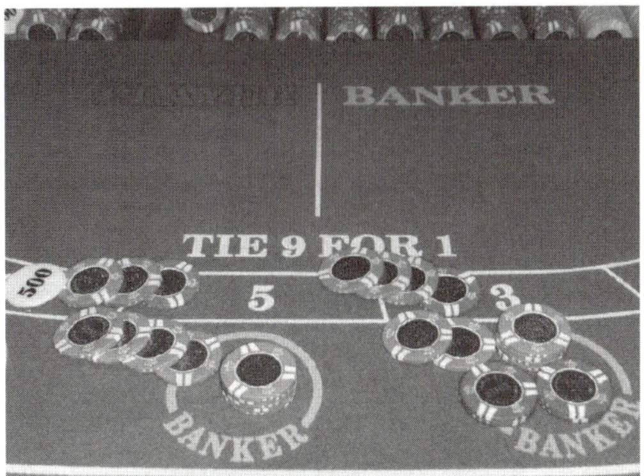

제 2 절

뱅크 커미션(BANK COMMISSION)

딜　러	걸어주시기 바랍니다. 더 거시지 않겠습니까? 더 거실 수 없습니다. 카드 포 플레이어, 카드 포 뱅크. 플레이어스, 뱅크스.
고 객 B	지금 배팅해도 괜찮습니까?
딜　러	죄송합니다만, 카지노 내의 모든 게임은 슈로부터 카드가 나온 후는 절대로 배팅할 수 없습니다.
고 객 B	아, 죄송.
딜　러	카드 오픈하겠습니다. 플레이어 5, 뱅크 3, 원 모어 카드 포 플레이어, 드로우 0, 스틸 5. 원 모어 카드 포 뱅크, 드로우 6, 합쳐서 9, 뱅크 윈입니다.
고 객 A	야아, 이겼다.
딜　러	축하합니다. 뱅크 측에 배팅하셨던 손님은 커미션을 뗄 때까지 잠시만 기다려 주십시오.

고 객 A　　커미션은 무엇입니까?

딜　 러　　바카라 게임에서는 뱅크 측이 이긴 경우에는 5%(퍼센트)의 커미션을 떼게끔 되어 있습니다.

고 객 A　　그렇습니까? 알겠습니다.

단어 정리 및 어휘 풀이

- コミッション：커미션(commission) – 수수료
- ベットダウン プリズ。：bet down please!
- 宜(よろ)しい：「よい」의 공손한 표현. 좋다, 괜찮다.
- カード・フォ・プレーヤー：card for player
- カード・フォ・バンカー：card for banker
- プレーヤース、バンカース：players, bankers
- シュ：shoe (game stool)
- 絶対(ぜったい)に：절대로
- ごめん(御免)：미안, 죄송. 용서의 높임말
  실례할 때의 인사말로도 사용.「ごめん下(くだ)さい。ごめんなさい」
- ワンモアカード・フォ・プレーヤー ：one more card for player
- ワンモアカード・フォ・バンカー：one more card for banker
- ドロー：draw (카드를 분배하다)
- スチール：still (그대로) = そのまま
- 合(あ)わせる：(수를) 합치다. = makes
- ウィン：win (이기다) = 勝(か)つ

보충 학습 포인트

사람의 신체 명칭

あたま(頭)：머리 ひたい(額)：이마 かみ(髪)のけ(毛)：머리카락 ほお・ほっぺた：뺨	め(目)：눈 まぶた：눈꺼풀 まゆげ(眉毛)：눈썹 みみ(耳)：귀 はな(鼻)：코	は(歯)：이 くち(口)：입 くちびる(唇)：입술 あご(顎)：턱 くび(首)：목 のど(喉)：목구멍
て(手)：손 て(手)のこう(甲)：손등 て(手)のひら(平)：손바닥 ゆび(指)：손가락 つめ(爪)：손톱 てくび(手首)：손목	うで(腕)：팔 ひじ：팔꿈치 むね(胸)：가슴 わき(脇)：겨드랑이 かた(肩)：어깨 せなか(背中)：등 こし(腰)：허리 へそ：배꼽 はら(腹)：배 おなか(腹)：배	あし(足)：발 あしくび(足首)：발목 ひざ(膝)：무릎 ふくらはぎ：종아리 かかと：발뒤꿈치 あし(足)のゆび(指)：발가락 あし(足)のつめ(爪)：발톱 ふともも(太股)：허벅지 (お)しり(尻)：엉덩이

第3節

ゲームの方法

- バカラゲームの最高のハンド(手)は9で、次では8、7、6等の数字の逆順でございます。

- ゲームのルール(規則)によって、各サイド別に2枚または3枚のカードで勝負に決まるし、9または9に一番近いハンド(手)が勝ちになります。

- カードは順序によって配ります。一番目はプレーヤーサイド、二番目はバンカーサイド、三番目はプレーヤーサイド、四番目はバンカーサイドに配られます。

- プレーヤーとバンカーサイド、どちらでも配った2枚のカードの合計が8か9の場合にはナチュラルとコールして、それで勝負が決まります。

- プレーヤーかバンカー側のカードの合計が6または7の場合にはスタンドとして、追加のカードはもう受けませんが、カードの合計がその以下の数字の場合はもう一枚受けられます。その時、両方の合計が同じ場合は引き分けになって、タイ・ベットに賭けた方は配当金を支払い致します。

- その以下、2枚のカードの合計が0から5までの場合はバカラゲームのルールに従ってカードをもう一枚を受けたり、受けなかったりします。

- バンカー側が勝った場合は5%のコミッションを取って、もしタイになった場合はタイ・ベットにベッティングした賭け金に8倍を支払って、ゲームは引き分けになります。

- バカラゲームのもう一つ面白くて興味を引くことはプレーヤーがカードを見られます。即ち、プレーヤー側とバンカー側で一番多いベッティングしたプレーヤーはカードを見られます。

また、バカラゲームの魅力はディファレンスと言うベッティングのルールを適用して、各サイド(プレーヤー側とバンカー側)に多い金額のベッティングができます。

제 3 절

게임 방법

- 바카라 게임의 최고 핸드(수)는 9이고, 다음으로는 8, 7, 6 등의 숫자의 역순입니다.

- 게임의 룰(규칙)에 의해서 각 사이드 별로 2장씩 또는 3장의 카드로 승부가 결정되고, 9 또는 9에 제일 가까운 핸드(수)가 이기게 됩니다.

- 카드는 순서에 의해 분배합니다. 첫 번째는 플레이어 사이드, 두 번째는 뱅크 사이드, 세 번째는 플레이어 사이드, 네 번째는 뱅크 사이드에 분배됩니다.

- 플레이어와 뱅크 사이드, 어느 쪽이든지 분배된 2장의 카드의 합계가 8이나 9일 경우에는 내추럴이라 콜하고, 그것으로 승부가 결정됩니다.

- 플레이어나 뱅크 측 카드의 합계가 6 또는 7일 경우에는 스탠드라 하며, 추가 카드는 더 받을 수 없습니다만, 카드의 합계가 그 이하의 숫자인 경우는 1장 더 받을 수 있습니다. 그 때, 양쪽의 합계가 같은 경우는 타이(비김)가 되며, 타이 벳에 걸은 분에게는 배당금을 지불해 드립니다.

- 그 이외, 2장의 카드의 합계가 0부터 5까지의 경우는 바카라 게임의 룰에

따라서 카드를 한 장 더 받기도하고, 받지 않기도 합니다.

- 뱅크 측이 이긴 경우는 5%의 커미션을 떼고, 혹시 타이가 된 경우에는 타이 뱃에 베팅을 한 배팅금에 8배를 지불하고, 게임은 비기게 됩니다.

- 바카라 게임의 또 한 가지 재미있고, 흥미를 끄는 것은 플레이어가 카드를 볼 수 있습니다. 즉, 플레이어 측과 뱅크 측에 제일 많은 배팅을 한 플레이어는 카드를 보실 수 있습니다.

- 또 바카라 게임의 매력은 디프런스(Difference)라고 하는 배팅 룰을 적용하여, 각 사이드(플레이어 측과 뱅크 측)에 많은 금액의 배팅이 가능합니다.

단어 정리 및 어휘 풀이

- サイド：사이드(side：player side or banker side)
- 勝負(しょうぶ)：승부, 승패
- ナチュラル：내추럴(natural) – 바카라 게임에서 8, 9를 일컬음.
- コール：콜(call)
- スタンド：스탠드(stand) 바카라 게임에서 6, 7을 일컬음.
- 従(したが)って：(규칙이나 습관에)따라서. [従(したが)う]
- 興味(きょうみ)を引(ひ)く：흥미를 끌다.
- カードを見(み)られます：카드를 볼 수 있습니다.
- 即(すなわ)ち：즉, 곧, 다름 아닌, 이를테면
- 多(おお)い：많다.
- ご覧(らん)になる：보시다. [여기서는 카드를 쪼다라는 뜻]
- 魅力(みりょく)：매력
- ディファレンス：디프런스(difference)
  [바카라 게임의 limit rule로 배팅 차액을 두는 것을 일컬음.]

보충 학습 포인트

일본의 년도(日本の年度)

연호	시작		기간	끝
めいじ 明治	원년	1868年 9月 8日	45年	1912年 7月 29日
たいしょう 大正	원년	1912年 7月 30日	15年	1926年 12月 24日
しょうわ 昭和	원년	1926年 12月 25日	64年	1989年 1月 7日
へいせい 平成	원년	1989年 1月 8日 ~ 현재		

일본 년도표

昭和34年 1959年	昭和35年 1960年	昭和36年 1961年	昭和37年 1962年	昭和38年 1963年	昭和39年 1964年
昭和40年 1965年	昭和41年 1966年	昭和42年 1967年	昭和43年 1968年	昭和44年 1969年	昭和45年 1970年
昭和46年 1971年	昭和47年 1972年	昭和48年 1973年	昭和49年 1974年	昭和50年 1975年	昭和51年 1976年
昭和52年 1977年	昭和53年 1978年	昭和54年 1979年	昭和55年 1980年	昭和56年 1981年	昭和57年 1982年
昭和58年 1983年	昭和59年 1984年	昭和60年 1985年	昭和61年 1986年	昭和62年 1987年	昭和63年 1988年

平成元年 1989年	平成2年 1990年	平成3年 1991年	平成4年 1992年	平成5年 1993年	平成6年 1994年
平成7年 1995年	平成8年 1996年	平成9年 1997年	平成10年 1998年	平成11年 1999年	平成12年 2000年
平成13年 2001年	平成14年 2002年	平成15年 2003年	平成16年 2004年	平成17年 2005年	平成18年 2006年
平成19年 2007年	平成20年 2008年	平成21年 2009年	平成22年 2010年	平成23年 2011年	平成24年 2012年

第 5 章

カリビアン・スタッド ポーカーの ゲーム (CARIBBEAN STUD POKER GAME)

캐러비안 스터드 포커(CARIBBEAN STUD POKER)

캐리비안 스터드 포커 게임은 딜러와 플레이어를 상대로 이루어지는 게임으로, 조커(JOKER)없는 52장의 카드, 즉 1덱(Deck)으로 진행된다. 스터드 포커는 5장의 카드로 하는 게임으로 게임자가 안티(Ante Bet)을 걸면서 시작되는 것이다. 플레이어는 5장을 페이스 다운(Face Down)으로 받고 딜러는 4장은 페이스 다운(Face Down)으로, 1장은 페이스 업(Face Up))으로 받는다.

프로그레시브 잭팟(PROGRESSIVE JACKPOT)

플레이어는 테이블에서 추가로 프로그레시브 잭팟(Progressive Jackpot)에 배팅할 수 있다. 프로그레시브 잭팟 핸드는 모든 안티와 레이스(Raise) 뱃을 테이크(Take) 후에 지불(Pay)한다. 딜러는 ACE와 K 또는 이보다 높은 포커 순위(Ranking)을 가졌다 하더라도 프로그레시브 잭팟하고는 아무런 상관이 없다.

第１節

ゲームの規則とカード・ランキング

顧　客A　このゲームがポーカーでしょう。
やり方の説明をお願いします。

ディーラー　はい、かしこまりました。カリビアン・スタッドポーカーのゲームは5枚のカードで決まった順位に従ってプレーヤーとハウスが優劣を競って、ランキング(等級)がもっと高いハンドが勝ちとなるゲームでございます。

顧　客A　カードの価値はどうなりますか。

ディーラー　各カードの価値は表示された数字で計算しますし、Aはハイとロー、全部カウンティングができます。またピクチャーは各々カードの価値を持ちます。

顧　客B　では、カードの柄は関係ないですか。

ディーラー　はい。そうなんです。カードの順位では柄は関係なく、各々のカードの価値によって勝負が決まるゲームでございます。カードのランキングはA、K、Q、J、10、9、8、7、6、5、4、3、2になります。

顧　客B　もし、ディーラーもプレーヤーも同じ等級を持つ場合はどうなりますか。

ディーラー　そのように等しい時は一番高いカードの価値を持っているハンドが優位になり、それも等しければ、次のカードの価値を比べて優位を決めます。もしも、続いて等しければ、最後に残った一枚のカードを比べ、それまでも等しければ引き分けになります。

제 1 절
게임 규칙 및 카드 순위

顧 客 A　　이 게임이 포커이지요?
게임 방법의 설명을 부탁합니다.

딜　 러　　예, 알겠습니다. 캐러비안 스터드 포커 게임은 5장의 카드로 결정된 순위에 따라서 플레이어와 하우스가 우열을 겨루어 랭킹(순위)이 보다 높은 핸드가 승리하는 게임입니다.

顧 客 A　　카드의 가치는 어떻게 됩니까?

딜　 러　　각 카드의 가치는 표시 되어진 숫자로 계산하고, A는 하이와 로우, 전부 카운팅이 가능합니다. 또, 픽쳐는 각각 카드의 가치를 가집니다.

顧 客 B　　그럼, 카드의 무늬(패)는 관계없습니까?

딜　 러　　예, 그렇습니다. 카드의 순서에는 무늬는 관계없고, 각각의 카드의 가치에 의해서 승부가 결정 나는 게임입니다. 카드의 랭킹은 A, K, Q, J, 10, 9, 8, 7, 6, 5, 4, 3, 2로 됩니다.

顧客 B　　혹시 딜러도 플레이어도 같은 등급을 가지는 경우는 어떻게 됩니까?

딜　러　　그렇게 동일한 때에는 제일 높은 카드의 가치를 가지고 있는 핸드가 우위가 되고, 그것도 같다면, 다음의 카드의 가치를 비교하여 우위를 결정합니다. 혹시, 계속해서 같다면 마지막에 남은 한 장의 카드를 비교, 그 것 마저도 동일하다면 비기게 됩니다.

단어 정리 및 어휘 풀이

- ランキング：랭킹, 순위, 등급(ranking)
- ポーカー：포커(poker)
- カリビアン・スタッド ポーカー：캐러비안 스터드 포커 (caribbean stud poker)
- 順位(じゅんい)：순위
- 従(したが)う：따르다, 좇다.
- 優劣(ゆうれつ)：우열
- 競(きそ)う：겨루다, 경쟁하다. ＝ 張(は)り合(あ)う
- 等級(とうきゅう)：등급, 서열(ranking)
- ハイとロー：하이・로우(hi & low)
- 柄(がら)：무늬, 패(suit)
- 優位(ゆうい)：우위
- 等(ひと)しい：같다, 동일하다.
- 続(つづ)く：계속하다.
- 比(くら)べる：비교하다.
- 最後(さいご)：최후, 마지막
- それまでも：그것마저도

第２節

ゲームの方法と進行

01 プレーヤーは最初にアンティ(ANTE)にベティングをしなければなりません。

02 ベティングをした各プレーヤーは5枚のカードを伏せた調子(フェスダウン)で受け取りまして、ディーラーは4枚は伏せたままで、 残り1枚は開け札調子(フェス アップ)で受け取ります。ディーラーはカードを左側から右側に配ります。

03 その後、各プレーヤーは二種類のオプションの中で、一つのオプションを選択しなければなりません。

① ゲームの放棄

プレーヤーがディーラーのハンドを勝ってないと判断した場合、アンティにベティングしたチップスはテイクされます。また、ディーラーはゲームの放棄を選択したプレーヤーのカードに及びチップスを必ず回収します。

② ゲームの持続

プレーヤーがディーラーのハンドを勝つ事ができると判断した場合、プレーヤーはゲームの持続を選択した場合には正確にアンティベティング金額の2倍を追加で賭けなければなりません。この時、追加でベティングしたチップスは5枚のカード上に置いて、アンティ　ベース後ろにあるベッドのベースに置きます。

04 ディーラーカード・オープン。

① プレーヤーがオプションを決めた後、ディーラーは自分の残りカード4枚をオープンします。オープンしたディーラーカードがAとK、その以上のランキング(等級)がない場合は、ノーハンド(NO　HAND)とコール(CALL)して、各プレーヤーの　アンティベッドにイブンペイをされて、追加ベティング分にはペイされません。

② ディーラーがAとK、また、その以上のランキングを持っている場合。ディーラーの右側から左側にプレーヤーのカードをオープンして比べます。

③ プレーヤーとディーラーのカードを比べて、ディーラーのハンドが高ければ全てのアンティベティングと追加ベティングをテイク(TAKE)されます。

④ 反対にプレーヤーのハンドがディーラーのハンドよりもっと高ければアンティベティングは先にイーブンペイし、追加ベティングはカードのランキング(等級)配当率によってペイされます。

05 プレーヤーにはハンドに関係あるいかなる情報及び対話も許されません。

제 2 절

게임 방법과 진행

01 플레이어는 처음에 안티에 배팅을 하셔야 합니다.

02 배팅을 한 각 플레이어는 5장의 카드를 페이스 다운 상태로 받고, 딜러는 4장은 페이스 다운된 상태로, 나머지 1장은 오픈 업 된 상태로 받습니다. 딜러는 카드를 왼쪽부터 오른쪽으로 분배합니다.

03 그 후, 각 플레이어는 2종류의 옵션 가운데, 1개의 옵션을 선택하여야 합니다.

① 게임 포기

플레이어가 딜러의 핸드를 이길 수 없다고 판단한 경우, 안티에 배팅 한 칩스는 테이크 합니다. 또, 딜러는 게임의 포기를 선택한 플레이어의 카드 및 칩스를 반드시 회수 합니다.

② 게임 지속

플레이어가 딜러의 핸드를 이길 수 있다고 판단 한 경우. 플레이어는 게임의 지속을 선택 한 경우에는 정확히 안티 배팅 금액의 2배를 추가로 걸어야 합니다. 이 때, 추가로 배팅한 칩스는 5장의 카드 위에 놓고, 안티 베이스 뒤에 있는 뱃 베이스에 놓습니다.

04 딜러 카드 오픈

① 플레이어가 옵션을 결정 한 후, 딜러는 자기의 나머지 카드 4장을 오픈합니다. 오픈 한 딜러 카드가 A와 K, 그 이상의 랭킹(등급)이 없는 경우는, 노 핸드(NO HAND)라고 콜(CALL)하고, 각 플레이어의 안티 뱃에 이븐 페이를 하고, 추가 배팅 분에는 페이하지 않습니다.

② 딜러가 A와 K, 또는 그 이상의 랭킹을 가지고 있는 경우. 딜러의 우측부터 좌측으로 플레이어의 카드를 오픈하여 비교합니다.

③ 플레이어와 딜러의 카드를 비교해서, 딜러의 핸드가 높다면, 모든 안티 배팅은 먼저 이븐 페이하고, 추가 배팅은 카드의 랭킹(등급)에 의해서 페이합니다.

05 플레이어는 핸드에 관계있는 어떠한 정보 및 대화도 허용되지 않습니다.

단어 정리 및 어휘 풀이

- アンティ(ANTE)：캐러비언 스터드 포커 게임을 시작하기 위한 배팅
- 伏(ふ)せた調子(ちょうし)：카드가 face down 된 상태 (状態)
- 受(う)け取(と)り：(카드를)받다.
- 伏(ふ)せたままで：face down 된 상태대로
- 開(あ)け札(ふだ)調子(ちょうし)：face up 된 상태
- オプション：옵션 (option)
- 選択(せんたく)：선택
- ゲームの放棄(ほうき)：게임 포기 = 抛棄
- 判断(はんだん)：판단
- テイク(take)：테이크 [칩스나 카드를 딜러가 가져오는 것] = 回収
- プレーヤー：플레이어(player), 겜블러, 손님을 지칭
- 回収(かいしゅう)：회수
- 持続(じぞく)：지속, 계속
- 置(お)く：놓다.
- 後(うし)ろ：뒤, 후방
- ベース：베이스[base] = side (배팅 장소)
- 自分(じぶん)：자기, 본인
- 残(のこ)り：나머지, 잔여분
- オープン：오픈[open]. 카드를 뒤집는 행위
- ノーハンド：노 핸드[no hand]
- コール：콜[call]

- アンティ ベッド：안티 뱃
- イブンペイ：이븐 페이[even pay] – 한 배를 페이하는 것
- される：「する」의 존경어. 「する」의 수동의 뜻 … 되다, 당하다.
- 高(たか)ければ：높다면
- 反対(はんたい)に：반대로
- 先(さき)に：우선, 먼저
- いかなる：어떠한, 어떤, 여하한
- 情報(じょうほう)：정보
- 対話(たいわ)：대화
- 許(きょ)されません：허가되지 않습니다.

第３節

プログレッシブ・ジャックポット

01 カリビアン・スタッド　ポーカー　ゲームには、テーブルのプレー(PLAY)と累積配当金、二つのシステムがあります。

02 プログレッシブ・ジャックポットに参加したいプレーヤーはアンティ(ANTE)ベッティングのベースの前にあるドロップボックス(DROP　BOX)に1,000ウォンのチップスを投入しなければなりません。

03 プログレッシブ・ジャックポットの配当金はポーカーゲームの全てのペイが終わったら後、支払います。

04 プログレッシブ・ジャックポットはディーラーのハンド(手)とは関係なく、プレーヤーのハンドが累積配当金に該当する場合は配当率によって支給します。

05 もし、二つ以上の等しいプログレッシブ・ジャックポットが発生したら、ジャックポット配当金は同じく分配され、互いの等級が異なるハンドの場合、低い順位からペイされます。

カリビアン・スタッド ポーカーハン ド&配当率

ハンド	配当率
ロイヤルフラッシュ	100倍
ストレートフラッシュ	50倍
フォーオブカインド(フォーカード)	20倍
フルハウス	7倍
フラッシュ	5倍
ステレート	4倍
スリーオブカインド	3倍
ツーペア	2倍
ワンペア	1倍
エース・キング	1倍

プログレッシブ・ジャックポットの配当率

ハンド	Payout(won)
ロイヤルフラッシュ	累積ジャックポット金額の100%
スtkレートフラッシュ	累積ジャックポット金額の10%
フォーオブカインド	₩500,000
フルハウス	₩300,000
フラッシュ	₩100,000

제 3 절
프로그레시브 잭팟(PROGRESSIVE JACKPOT)

01 캐러비안 스터드 포커 게임에는, 테이블 플레이(PLAY)와 누적배당금, 두 개의 시스템이 있습니다.

02 프로그레시브 잭팟에 참가하고 싶은 플레이어는 안티 배팅 베이스의 앞에 있는 드롭 박스에 1,000원 칩스를 투입하여야 합니다.

03 프로그레시브 잭팟 배당금은 포커 게임의 모든 페이가 끝난 후, 지불합니다.

04 프로그레시브 잭팟은 딜러의 핸드(수)와는 관계없고, 플레이어의 핸드가 누적배당금에 해당하는 경우는 배당률에 의해 지급합니다.

05 만약, 두 개 이상의 같은 프로그레시브 잭팟이 발생한다면, 잭팟 배당금은 똑 같이 분배되고, 서로 등급이 다른 핸드의 경우, 낮은 순위부터 페이됩니다.

단어 정리 및 어휘 풀이

- テーブルのプレー：테이블 플레이(table play), 테이블 게임
- システム：시스템(system)
- 参加(さんか)：참가
- 前(まえ)に：앞에
- ドロップ ボックス：드롭 박스(drop box)：칩스나 현금을 넣는 상자
- 投入(とうにゅう)：투입
- 支給(しきゅう)：지급
- 該当(がいとう)：해당
- 払(はら)い戻(もど)す：되돌려 받다.
- 発生(はっせい)：발생
- 互(たが)い：서로, 쌍방, 상호
- 異(こと)なる：같지 않다, 다르다.
- 低(ひく)い：낮다.

Caribbean Stud Poker 배당 비율

Ranking	Payout
royal straight flush	100배
straight flush	50배
four of a kind(four card)	20배
full house	7배
flush	5배
straight	4배
three of a kind	3배
two pair	2배
one pair	1배
ace · king	1배

Progressive Jackpot 배당금

Progressive Jackpot Ranking	Payout(won)
royal straight flush	누적금액 100%
straight flush	누적금액 10%
four of a kind(four card)	500,000
full house	300,000
flush	100,000

Hand Combination

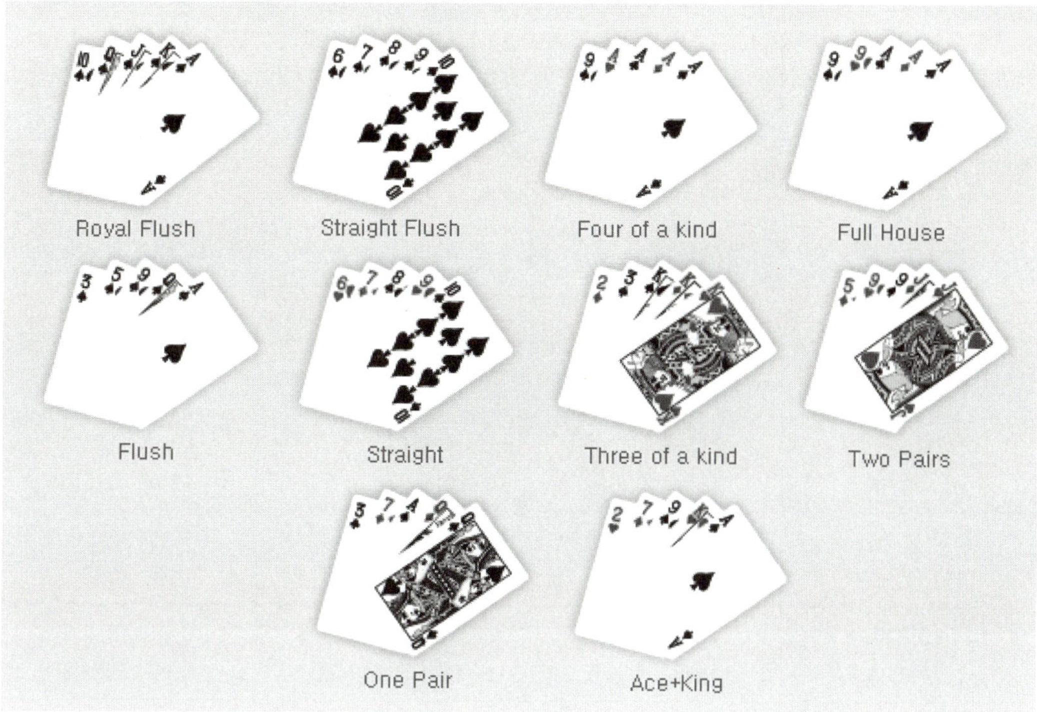

Table Layout

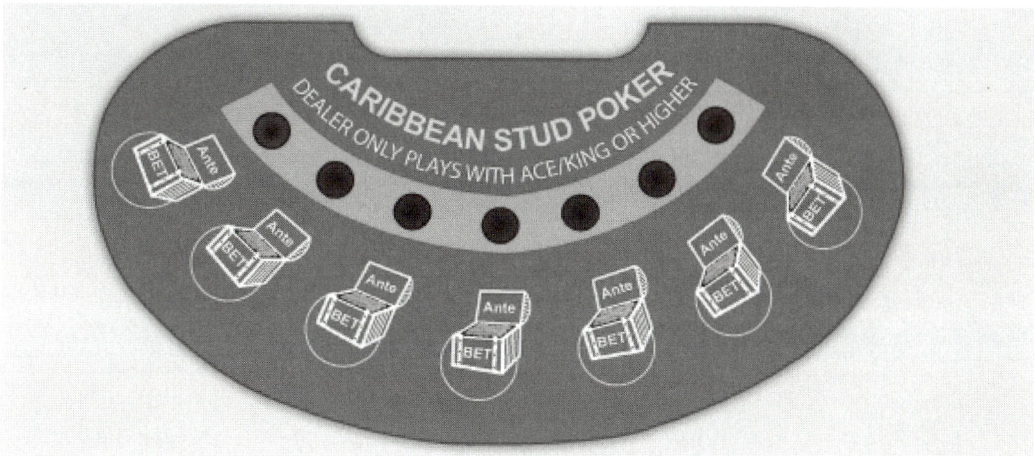

보충 학습 포인트

일본인의 성씨(日本人の姓氏)

鈴木(すずき) 1位 約200万	佐藤(さとう) 2位 約190万	田中(たなか) 3位 約130万	山本(やまもと) 4位 約90万
渡辺(わたなべ) 5位 約85万	高橋(たかはし) 6位 約80万	小林(こばやし) 7位 約75万	中村(なかむら) 8位 約70万
伊藤(いとう) 9位 約70万	斎藤(さいとう) 10位 約60万	加藤(かとう) 11位 約60万	山田(やまだ) 12位 約55万
吉田(よしだ) 13位 約50万	佐々木(ささき) 14位 約40万	井上(いのうえ) 15位 約40万	木村(きむら) 16位 約35万
松本(まつもと) 17位 約35万	清水(しみず) 18位 約35万	林(はやし) 19位 約35万	山口(やまぐち) 20位 約35万
長谷川(はせがわ) 21位 約30万	小川(おがわ) 22位 約30万	中島(なかじま) 23位 約30万	山崎(やまざき) 24位 約30万
橋本(はしもと) 25位 約30万	森(もり) 26位 約30万	池田(いけだ) 27位 約30万	石川(いしかわ) 28位 約25万
内田(うちだ) 29位 約25万	岡田(おかだ) 30位 約25万	青木(あおき) 31位 約25万	金子(かねこ) 32位 約25万
近藤(こんどう) 33位 約20万	阿部(あべ) 34位 約20万	和田(わだ) 35位 約20万	太田(おおた) 36位 約20万
小島(こじま) 37位 約20万	島田(しまだ) 38位 約20万	遠藤(えんどう) 39位 約20万	田村(たむら) 40位 約20万
高木(たかぎ) 41位 約15万	中野(なかの) 42位 約15万	小山(こやま) 43位 約15万	野田(のだ) 44位 約15万
福田(ふくだ) 45位 約15万	大塚(おおつか) 46位 約15万	岡本(おかもと) 47位 約15万	辻(つじ) 48位 約15万

보충 학습 포인트

음료 및 가벼운 식사

飲(の)み物(もの)	콜라	コーラ	맥주	ビール	쥬스	ジュース
	핫커피	ホット コーヒ	냉커피	アイス コーヒ	아이스티	アイス チイー
	물	水(みず)	차	茶(ちゃ)	사이다	サイダ
	우유	牛乳(ぎゅうにゅう)	진토닉	ジン トニック	위스키	ウィスキー
	미즈와리	水割(みずわ)り	아이스크림		アイスクリーム	

食(た)べ物(もの)	초밥	寿司(すし)	소고기 덮밥	牛丼(ぎゅうどん)	돈까스 덮밥	カツ丼(どん)
	스테이크	ステーキー	튀김덮밥	天丼(てんどん)	닭고기 덮밥	親子丼(おやこどん)
	스키야키	鋤焼(すきやき)	우동	うどん	볶음밥	焼(や)き飯(めし)
	샤브샤브	しゃぶ しゃぶ	라면	ラメン	카레 라이스	カレー ライス
	돈까스	トンカツ	메밀국수	そば	오무 라이스	オムライス
	불고기	焼(や)き肉(にく)	비빔밥	ビビンパ	김치찌개	キムチチゲ

과일 및 스넥

果物(くだもの)	한국어	日本語	한국어	日本語	한국어	日本語
	사과	林檎(りんご)	배	梨(なし)	딸기	苺(いちご)
	귤	蜜柑(みかん)	감	柿(かき)	복숭아	桃(もも)
	멜론	メロン	바나나	バナナ	파인애플	パイナップル
	수박	西瓜(すいか)	토마토	トマト	포도	葡萄(ぶどう)
	호두	クルミ				

食べ物(たべもの)	한국어	日本語	한국어	日本語	한국어	日本語
	튀김	てんぷら	빵	パン	샐러드	サラダ
	샌드위치	サンドイッチ	햄버거	ハンバーガー	케이크	ケーキ
	수프	スープ	피자	ピザ	치킨	チキン
	햄	ハム	오징어	イカ	땅콩	ピーナッツ

其他	한국어	日本語	한국어	日本語	한국어	日本語
	담 배	タバコ	성냥	マッチ	재떨이	灰皿(はいざら)
	라이터	ライター	냅킨	ナプキン	물수건	おしぼり

第 6 章

3カードポーカー

(3CARD POKER GAME)

쓰리카드 포커(Three Card Poker)의 개요

쓰리카드 포커는 플레이어(Player)와 딜러(Dealer)가 각각 3장의 카드를 분배하여 높은 순위(Rank)의 패를 가진 쪽이 승리하는 게임으로 캐러비안 스터드 포커와 조금은 유사한 점이 있으며, 승패에 관계없이 플레이어의 패가 페어(Pair) 이상의 순위가 나온 경우에는 정해진 배수에 따라 지급을 받는 페어 플러스(Pair Plus) 배팅을 옵션으로 하고 있다.

第１節
ゲームの方法と進行

01　お客様がゲームに参加するためには、まずアンティベットの所にベッティングをしなければなりません。

02　そのあと、お客様は3枚のカードをペースダウンの状態で受け取り、ディーラーも3枚のカードをペースダウンの状態で受け取ります。

03　この時、お客様は2種類のオプションの中で一つを選択ができます。

① ゲームのギブアップ

ディーラーのカードに勝つ見込みがないと判断された場合、ゲームをギブアップすると、アンティのベッティングしたチップはディーラーにテイクされます。

② ゲームの持続

ディーラーカードに勝つ見込みがあると判断された場合は、正確にアンティのベットの1倍をプレイのベットに追加でベッティングしなければなりません。

04 お客様のオプションが決まると、ディーラーは自分の前にある3枚のカードをオープンされます。

05 オープンされたディーラーのカードにクイーン(Q)やそれ以上のハンドがない場合は、自然にお客様の勝利になり、ディーラーはお客様のアンティのベッティングの金額のみをイブンペイされます。

06 ディーラーのカードにクイーン(Q)やそれ以上のハンドがある場合は、ディーラーはお客様のハンドと比較をして、ディーラーのハンドが高ければ全てのベッティングをテイクされます。

07 もし、お客様が勝った場合は、ディーラーはアンティとプレイでベッティングした金額にイブンペイされます。

08 但し、アンティのベットの場合は、お客様のカードの構成によって別途のボナースを受け取ります。

アンティボナースのペイアウト

カードの構成の内訳	ペイアウトの比率	
ストレート	1–1	ディーラーのハンド及びウィン/ルーズの関係ありません
トリプル	4–1	
ストレートフラッシュ	5–1	

제 1 절

게임 방법과 진행

01 손님이 게임에 참가하기 위해서는, 먼저 "안티" 뱃에 베팅을 해야만 합니다.

02 그 후, 손님은 3장의 카드를 페이스다운 상태로 받고, 딜러도 3장의 카드를 페이스다운 상태로 받습니다.

03 이 때, 손님은 2종류의 옵션 중 한 가지를 선택할 수 있습니다.

① 게임 포기

딜러카드에 이길 가망이 없다고 판단하였을 경우, 게임을 포기하면 "안티"에 배팅한 칩은 딜러에게 테이크 됩니다.

② 게임 지속(Game Give-Up)

딜러카드에 이길 가망이 있다고 판단했을 경우는, 정확하게 "안티" 뱃의 1배를 "플레이" 뱃에 추가로 베팅하여야 합니다.

04 손님의 옵션이 결정되면, 딜러는 자기 앞에 있는 3장의 카드를 오픈합니다.

05 오픈한 딜러의 카드에 퀸(Q)이나 그 이상의 핸드가 없는 경우는, 자동적으로 손님의 승리가 되고, 딜러는 손님의 "안티" 베팅 금액만을 이븐 페이합니다.

06 딜러의 카드에 퀸(Q)이나 그 이상의 핸드가 있는 경우는, 딜러는 손님의 핸드와 비교 해서, 딜러의 핸드가 높으면 베팅 금액을 전부 테이크(Take)합니다.

07 만일, 손님이 승리했을 경우는, 딜러는 "안티" 및 "플레이" 베팅금액에 이븐 페이(Even Pay)합니다.

08 다만, "안티" 뱃의 경우는, 손님 카드의 구성에 따른 별도의 보너스를 받습니다.

| 안티 보너스 – Ante Bonus Payout |

카드 구성 내역	페이아웃 비율	
straight	1–1	딜러의 핸드 및 승/패에 관계없음.
Triple	4–1	
straight flush	5–1	

단어 정리 및 어휘 풀이

- アンティ(ANTE)：쓰리카드 포커 게임을 시작하기 위한 배팅
- 伏(ふ)せた調子(ちょうし)：카드가 face down 된 상태 (状態)
- 受(う)け取(と)り：(카드를)받다.
- のみ：어떤 사항에 한정함을 나타냄. ~뿐, ~만 = だけ、ばかり
- 伏(ふ)せたままで：face down 된 상태대로
- 開(あ)け札(ふだ)調子(ちょうし)：face up 된 상태
- オプション：옵션 (option)
- 選択(せんたく)：선택
- ゲームの放棄(ほうき)：게임 포기 = 抛棄
- 判断(はんだん)：판단
- テイク(take)：테이크 [칩스나 카드를 딜러가 가져오는 것] = 回収
- プレーヤー：플레이어(player), 겜블러, 손님을 지칭

第２節

ペアプラスベッティング(Pair Plus Betting)

01 3カードポーカーは、元のベッティングとは別途にペア　プラスの　ベッティングができます。

02 しかし、お客様が必ずペア　プラス　ベッティングを賭けてワン・ペア以上のハンドの時に適用されます。

03 また、ディーラーのハンド(ウィン/ルーズやクイーン以上の資格)とは関係なく効力を持ちます。

ペア プラス 配当表

カードの構成の内訳	ペイアウトの比率
ストレート フラッシュ	40 TO 1
トリプル	30 TO 1
ストレート	6 TO 1
フラッシュ	3 TO 1
ワン ペア	1 TO 1

제 2 절

페어 플러스 베팅

01 3카드 포커는, 본 베팅과 별도로 페어 플러스 베팅이 가능합니다.

02 그러나, 손님이 반드시 페어 플러스 베팅을 걸어서 원 페어 이상의 핸드 일 때에 적용됩니다.

03 또, 딜러와의 핸드(승/패나 Q 이상의 자격)와는 관계없이 효력을 가집니다.

| 페어 플러스 배당표 |

카드 구성 내역	배당 지급 비율
straight flush	40 TO 1
triple	30 TO 1
straight	6 TO 1
flush	3 TO 1
1 pair	1 TO 1

第３節

ハンドの種類と順位

Straight Flush

同じSuit(模様)で連続の順位の3枚のカードで、最も高い数字のあるハンドが高いハンドになる。

Triple

同じ数字の3枚のカードの場合。

Straight

連続の順位の3枚のカード(Aceはhighとかlowでカウントされる。)

Flush

同じなSuit(模様)の3枚のカード

One Pair

順位が同じなある2枚のカードの場合。

High Card

上記に該当しない場合は、順位が高いカードで勝敗を分ける。これは同じな順位の場合にも勝敗を分けるために使用される。

제 3 절

핸드의 종류와 순위

Straight Flush

같은 무늬의 연속적인 순위의 3장의 카드로, 가장 높은 숫자가 있는 핸드가 높은 핸드가 된다.

Triple

같은 숫자 3장의 카드를 가지고 있는 경우

Straight

연속된 순위의 3장의 카드

Flush

같은 무늬의 3장의 카드

One Pair

순위가 같은 2장의 카드인 경우

High Card

위의 내용에 해당하지 않는 경우는 순위가 높은 카드로 승패를 가린다. 이것은 같은 순위의 경우에도 승패를 가리기 위해 사용된다.

Hand Combination

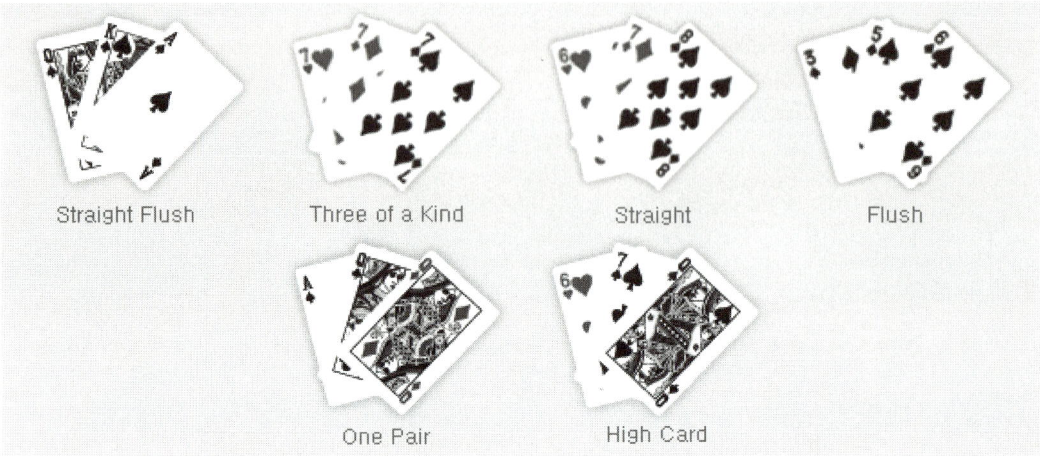

Table Layout

단어 정리 및 어휘 풀이

- ペア プラス (Pair Plus) : 페어 플러스
- 適用 (てきよう) : 적용
- ハンド (Hand) : 핸드
- ウィン/ルーズ (Win / Lose) : 승 / 패
- 資格 (しかく) : 자격
- 効力 (こうりょく) : 효력
- 構成 (こうせい) : 구성
- 内訳 (うひわけ) : 내역
- 比率 (ひりつ) : 비율
- Suit-模様 (きよう) : 카드 패(Spade, Diamond, Club, Heart)
- 場合 (ばあい) : 경우
- 該当 (がいとう) : 해당
- 順位 (じゅんい) : 순위
- 使用 (しよう) : 사용

第７章

タイサイの ゲーム
(TAI-SAI GAME)

TAI-SAI(BIG & SMALL)의 역사

카지노를 연구하는 학자들에 의하면 전 세계는 약 6천여 종의 게임과 놀이가 있다고 한다. 그 중 약 3600여 종이 중국인에 의해 창안되거나 중국인에 의해 전래되었다고 한다.

TAI-SAI 게임의 유래는, 한 제후의 재정을 담당하는 신하가 공금을 유용한 사실이 탄로 날 위기에 처했다. 중앙정부에서 회계감사를 하러 오겠다는 전갈이 있었던 것이다. 이 신하는 공금을 채울 방법이 없자 한 가지 꾀를 생각해 냈다. 그는 3개의 주사위로 하는 아주 쉬운 게임으로 다이사이를 창안했다. 게임은 배우기도 쉽고 이기면 당첨될 확률도 높았으므로 중국인들의 취향에는 적격이었다. 이 신하는 이 게임을 통해 횡령한 금액을 모두 메울 수 있었고 이 게임을 직접 해 본 많은 사람들은 이웃 나라로 가서 이 게임으로 돈을 벌 수 있었다.

중국 게임 가운데 현재 미국 라스베가스(LAS VEGAS) 카지노에서 자주 애용되고 있는 게임들이 몇 종류 있는데, 그것은 TAI-SAI(大小), 케노(Keno), 빠이까우(Pai-Gow Poker), 슈러 팡 9(Super Pang 9) 등이다. 중국 사람들이 창안한 게임의 특색은 하우스가 이길 확률이 서양 게임에 비해 월등히 높다는 것이다.

第１節

ゲームの 方法と進行

01 このタイサイのゲームは、ディーラーが3個の賽子をシェーカー(SHAKER)を使って混ぜれば、プレーヤーは賽子の数字や組み合わせ(COMBINATION)を予想して、各々の賽子の面と合計を一致するように当てることです。

02 プレーヤーがゲームに参加するためには、ゲームのテーブルでチップスを購入し、決っているベッティング区域(POSITION)内で賭けることができます。

03 プレーヤーのベッティングが完了した後、ディーラーは透明なガラス容器の中にある3個のダイス(DICE)を電気自動装置を利用して、交ぜ始めます。

04 しばらく後、ダイスが自動的に止まれば、ディーラーはシェーカーのカバー(蓋)をオープンして、シェーカーの内部に止まっているダイスの各々の数字をコールして、ゲームのテーブルに設置されている電光番にウイニング(WINNING)区域を表示されるように番号ボタン(BUTTON)を押します。

05 もしも、ダイスが重なっているとか各ダイスの数字を判読しにくい場合、ディーラーはノーゲーム(NO GAME)を宣言できます。

06 そして、ディーラーは当たらなかった(LOSEされた)区域のチップスはテイクして、当たった区域のチップスはウイニング配当率に従って支払いします。

07 全てのプレーヤーはペイが完了するまで、またはディーラーの次のゲームのベッティングを誘うまで、レイアウトの上で新しいベッティングを賭けられません。

제 1 절

게임 방법과 진행

01 이 다이사이 게임은, 딜러가 3개의 주사위를 쉐이커(Shaker)를 사용하여 섞으면, 플레이어는 주사위의 숫자랑 조합을 예상하여, 각각의 주사위의 면과 합계를 일치하도록 맞추는 것입니다.

02 플레이어가 게임에 참가하기 위해서는, 게임 테이블에서 칩스를 구입하고, 정해져 있는 배팅 구역(Position) 내에서 걸 수 있습니다.

03 플레이어의 배팅이 완료된 후, 딜러는 투명한 글라스 용기안에 있는 3개의 주사위를 전기 자동 장치를 이용하여 섞기 시작합니다.

04 잠시 후, 주사위가 자동적으로 멈추면, 딜러는 쉐이커의 커버를 오픈하여, 쉐이커의 내부에 멈춰져있는 주사위 각 각의 숫자를 콜하고, 게임 테이블에 설치되어져 있는 전광판에 위닝(Winning) 구역을 표시할 수 있도록 번호 버턴(Button)을 누릅니다.

05 만약에, 주사위가 겹쳐져 있거나, 각 주사위의 숫자를 판독하기 어려운 경우, 딜러는 게임 무효(No Game)를 선언할 수 있습니다.

06 그리고, 딜러는 당첨되지 않은(Lose 된) 구역의 칩스는 테이크하고, 당첨된 구역의 칩스는 당첨 배당률에 따라서 지불합니다.

07 모든 플레이어는 지불이 완료 될 때까지, 또는 딜러의 다음 게임의 배팅 권유까지, 레이아웃 위에 새로운 배팅을 할 수 없습니다.

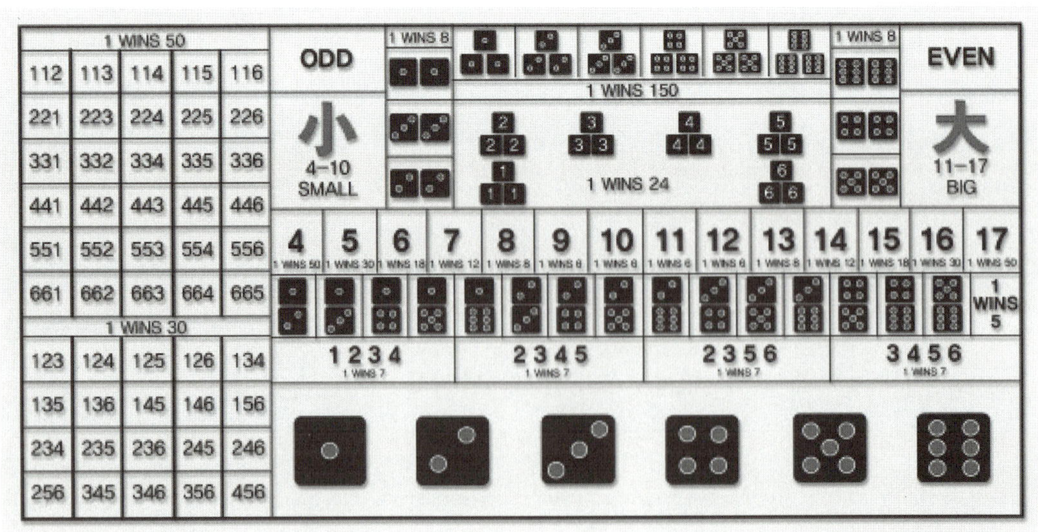

第２節

大(たい) － 小(しょう){タイサイ}の配当表(はいとうひょう)

ベット ポジション	配当率(はいとうりつ)
ストフェート トリプル ベット	150 倍(ばい)
アニ トリプル ベット	24 倍(ばい)
ダブル ナンバース ベット	8 倍(ばい)
4 アンド 17	50 倍(ばい)
5 アンド 16	30 倍(ばい)
6 アンド 15	18 倍(ばい)
7 アンド 14	13 倍(ばい)
8 アンド 13	8 倍(ばい)
9 アンド 12	6 倍(ばい)
10 アンド 11	6 倍(ばい)
フォア ナンバース コンビネーション ベット	7 倍(ばい)
ドミノ ベット	5 倍(ばい)
イーブン-オッド アンド ビッグ-スモール ベット	1 倍(ばい)
シングル ナンバ ベット	1 倍(ばい)

제 2 절

다이사이 배당표

BET POSITION	PAYOUT
STRAIGHT TRIPLE BET	150 TO 1
ANY TRIPLE BET	24 TO 1
DOUBLE NUMBERS BET	8 TO 1
4 AND 17	50 TO 1
5 AND 16	30 TO 1
6 AND 15	18 TO 1
7 AND 14	13 TO 1
8 AND 13	8 TO 1
9 AND 12	6 TO 1
10 AND 11	6 TO 1
FOUR NUMBERS COMBINATION BET	7 TO 1
DOMINO BET	5 TO 1
EVEN-ODD AND BIG-SMALL BETS	1 TO 1
SINGLE NUMBER BET	1 TO 1

단어 정리 및 어휘 풀이

- タイサイ：TAI-SAI, HIGH & LOW, BIG & SMALL이라고도 함
- 賽子(さいころ)：주사위(dice) – 정육면체
- シェーカー：쉐이커(shaker) – 카지노에서 주사위를 섞는 기구의 명칭
- 混(ま)ぜる：섞다. = 交ぜる로도 씀.
- 組(く)み合(あ)わせ：조합 [combination：コンビネーション]
- 予想(よそう)：예상
- 面(めん)：면(주사위의 한 면)
- 一致(いっち)：일치
- 当(あ)てる：맞히다, 명중시키다.
- 参加(さんか)：참가
- 購入(こうにゅう)：구입
- 区域(くいき)：구역 (POSITION)
- 完了(かんりょう)：완료, 종료
- 透明(とうめい)な：투명한
- ガラス：글라스(GLASS)
- 容器(ようき)：(그릇)용기 – shaker를 일컬음.
- ダイス：다이스(dice) – 주사위의 외국 표기법
- 天気自動装置(てんきじどうそうち)：전기 자동 장치
  – 다이사이 테이블은 전기장치로 설치되어 있음.
- 交(ま)ぜ始(はじ)める：섞기 시작하다. = 混ぜる
- しばらく後(あと)：잠시 후

- 止(と)まる：멈추다.
- カバー[蓋(ふた)]：커버(cover), 뚜껑
- 内部(ないぶ)：내부
- 設置(せっち)されている：설치되어져 있는
- 電光板(でんこうばん)：전광판
- ウイニング：승리, 이김 (winning)
- ボタン：버튼(button), 누름스위치
- 押(お)す：누르다.
- もし(も)：혹시, 만약에 … 등의 강조
- 重(かさ)なる：포개어지다.
- 判読(はんどく)：판독 － 글이나 숫자 등을 읽는 것
- 宣言(せんげん)：선언
- 当(あ)たらなかった(loseされた)：당첨되지 않은 (패배당한)
- 誘(さそ)う：권유하다.
- レイアウト：레이아웃 (layout)

세계의 여러 나라

오대주(五大州)		나라 이름		
아시아	アシア	한국	韓国	かんこく
		일본	日本	にほん
아메리카	アメリカ	중국	中国	ちゅうごく
		미국	米国	アメリカ
아프리카	アフリカ	캐나다		カナダ
		오스트레일리아		オーストラリア
오세아니아	オセアニア	인도		インド
		영국	英国	イギリス
		이탈리아		イタリア
유럽	ヨーロッパ	멕시코		メキシコ

第 8 章

ビックホイールの ゲーム (BIG WHEEL GAME)

第 1 節　ビックホイールゲームの概要

第 2 節　ゲームの方法と進行

第 3 節　ビックホイールゲームの 配当率

第1節

ビックホイールゲームの概要

ビックホイールゲームはカーニバルゲームのひとつの形態として直径6フィットの円で地面から垂直に立てられている。ホイルが回り始めるとゆっくり速度が遅くなりホイルにある54個のスロット一箇所で止まるようになっている。

ホイールは全部で54等分に分けられていて互いに違うシンボルで構成されてあり、テーブルのレイアウトの上にはホイルの中に分けられているシンボルが(均等にバッティングの排水と連結されている。

ホイールが止まりホイールのストッパー(認知ゲッター)が指し示すスロットがウィニングのナンバーになる。

ビックホイルは11.1%~24%の高いハウスアドベンテージを持っている。

ビックホイールのゲームのテーブルにはディーラーのポジションにチップトレイがあり、大型タイヤ内の当選配当金と同一なベッティングの区域が印刷されている。テーブルの上面は肉眼で簡単に確認できるガラスでなっており、テーブルの形態はタイーサイーゲームのテーブルの形態と大きさはほぼおなじであるが、一つだけ特徴的な点は一般ゲームのテーブルのようにプレイヤーたちのシート番号がつけられていないことである。

また大多数のカジノの営業場のビックホイールゲームのテーブルには椅子が無い、そのようなことを考えて見ると、ビックホイルゲームはプレイヤー達が座ってゲームを楽しめる形態というよりむしろ立ってゲームをすることであると思われる。すなわちビックホイルゲームはギャンブラー達が長時間、プレイをすることではないということが予測できる。

제 1 절

빅 휠(BIG-WHEEL) 게임의 개요

빅 휠(Big-Wheel) 게임은 카니발 게임의 한 형태로써 직경 6피트의 원으로, 지면으로부터 수직으로 세워져있다. 휠이 돌아가기 시작하여 서서히 속도가 줄어들면서 휠에 있는 54개의 칸(Slot)중의 한 곳에 멈추게 된다.

휠(Wheel)은 전부 54등분으로 분할되어있고, 서로 다른 심벌(Symbol)로 구성되어져 있으며, 테이블 레이아웃의 위에는 휠 중에 분할 되어져있는 심벌(이 균등하게 배팅 배수와 연결되어져 있다.

바퀴가 멈추어 휠 STOPPER(인지게타)가 가리키는 슬롯(SLOT)이 위닝 넘버(Winning Number)가 된다.

빅 휠(BIG-WHEEL)은 11.1%~24%의 높은 하우스 어드밴티지(House Advantage)를 가지고 있다.

빅 휠(Big Wheel) 게임 테이블에는 딜러의 포지션(Position)에 칩 트레이(Chips Tray-Chips Rack)가 있고, 대형 바퀴(Big Wheel)내의 당첨 배당금과 동일한 배팅 구역이 인쇄되어 있다. 테이블 윗면은 육안으로 쉽게 확인할 수 있는 유리로 시설되어 있고, 테이블 형태는 다이사이(Tai-Sai) 게임 테이블 형태의 크기와 유사하지만, 한 가지 특징인 점은 일반 게임 테이블처럼 플레이어들의 자리 번호(Seat Number)가 매겨져 있지 않다는 것이다.

또한 대다수 카지노 영업장의 빅 휠(Big Wheel) 게임 테이블에는 의자가 없다는 점이다. 이러한 점으로 미루어 볼 때 빅 휠 게임은 플레이어들이 앉아서 게임을 즐기는 형태라기보다는 주로 서서 게임을 하는 것이라고 볼 수 있다. 즉, 빅 휠(Big Wheel) 게임은 겜블러(Gambler)들이 오랫동안 계속적인 플레이(Play)를 하는 것이 아님을 예측할 수 있다.

第2節

ゲームの方法と進行

01 ビックホイールのゲームはプレーヤーがテーブルのレイアウトの上にベッティングした所(SLOT)とディーラーによって回転されたホイール(車輪)が止まった時、ホイールの外側に付着された革ベルトが指すシンボル(SYMBOL)が一致すれば配当金を受けるゲームでである。

02 ホイールは全部で54等分に分割されていて、お互いに異なるシンボルで構成されているし、テーブルのレイアウトの上にはホイールの中に分割されているシンボルが均等にベッティング倍数と繋がっている。

03 プレーヤーがゲームに参加するためには、ゲームのテーブルでチップスを購入し、レイアウトの上にベッティングをする。

04 ディーラーは時計回りかあるいは時計逆回りにホイールを回す。

05 ディーラーは回転しているホイールが完全に止まる前、′ノーモアベット′とコールをする。その時から、プレーヤーはもうベッティングができない。

06 回したホイールが止まれば、革ベルトが指す当たりシンボルを確認して、当たらないベッティングのチップスはテイクする。

07 当たったベッティングは決まったビックホイールの配当率に従って支払う。

08 全てのプレーヤーはペイが完了するまで、レイアウトの上で新しいベッティングができない。

09 プレーヤーとディーラーはゲームの途中でホイールの回転を妨害してはいけないし、予想されない状況発生によって、ホイールの回転を妨害された場合には′ノーゲーム′を宣言することができる。

제 2 절

게임 방법과 진행

01 빅 휠 게임은 플레이어가 테이블 레이아웃 위에 배팅한 곳(Slot)과 딜러에 의해서 회전 한 휠(마차바퀴)이 멈추었을 때, 휠의 외측에 부착된 가죽 벨트가 가리키는 심벌이 일치하면 배당금을 받는 게임이다.

02 휠은 전부 54등분으로 분할되어있으며, 서로 다른 심벌로 구성되어져 있고, 테이블 레이아웃의 위에는 휠 중에 분할 되어져있는 심벌이 균등하게 배팅 배수와 연결되어져 있다.

03 플레이어가 게임에 참가하기 위해서는, 게임 테이블에서 칩스를 구입하고, 레이아웃 위에 배팅을 한다.

04 딜러는 시계방향이나 혹은 시계 역방향으로 휠을 회전한다.

05 딜러는 회전하고 있는 휠이 완전히 멈추기 전, '노 모아 뱃'이라고 콜을 한다. 그때부터, 플레이어는 더 배팅할 수 없다.

06 회전한 휠이 멈추면 가죽 벨트가 가리키는 당첨 심벌을 확인하고, 당첨되지 않은 배팅 칩스는 테이크한다.

07 당첨된 배팅은 정해진 빅 휠 배당률에 따라서 지불한다.

08 모든 플레이어는 지불이 완료될 때까지, 레이아웃 위에 새로운 배팅을 할 수 없다.

09 플레이어와 딜러는 게임 도중에 휠의 회전을 방해해서는 안되며, 예상할 수 없는 상황발생 등에 의해 휠의 회전을 방해한 경우에는 노 게임을 선언한다.

第3節

ビックホイールゲームの配当率

ビックホイールゲームの配当率は各カジノで導入してビックホイールのシンボル構造によって少しずっつ相違する。シンボルはたいてい7種類に区分されるのに各シンボルより配当金が差等に支払う。

国内のカジノのビックホイールゲームの配当率は一番高くのは40倍から20倍、10倍、5倍、2倍、1倍順である。

一方、外国のカジノは47倍と50倍以上になることもある。

シンボル	ペイアウト
40	40倍
40	40倍
20	20倍
10	10倍
5	5倍
2	2倍
1	1倍

제 3 절

빅 휠(BIG-WHEEL) 게임 배당률

빅 휠 게임의 배당률은 각 카지노에서 도입하여 운영하고 있는 빅 휠(Big Wheel)의 심벌(Symbol) 구조에 따라 조금씩 상이하다. 심벌은 대체적으로 7가지 형태로 구분되는데 각 심벌별로 배당금이 다르게 지급한다. 국내 카지노의 빌 휠 당첨 배당률은 가장 많은 것이 40배로부터 20배, 10배, 5배, 2배, 1배 순이다.

한편 외국 카지노는 47배나 50배 이상 되는 곳도 있다.

Symbol	Payout
40	40배
40	40배
20	20배
10	10배
5	5배
2	2배
1	1배

단어 정리 및 어휘 풀이

- 所(ところ)：장소 (slot – 배팅 장소, 구역)
- 回転(かいてん) された：회전된, 회전시킨
- ホイール：휠(wheel) [車輪(しゃりん)：마차바퀴]
- 外側(そとがわ)に：외측, 바깥
- 付着(ふちゃく)：부착
- 革(かわ)ベルト：가죽 벨트(belt)
- シンボル：심벌, 상징(symbol)
- 一致(いっち)すれば：일치하면
- 等分(とうぶん)：등분(나눔)
- 分割(ぶんかつ)：분할
- お互(たが)いに：상호, 쌍방
- 異(こと)なる：다르다, 같지 않다.
- 構成(こうせい)：구성
- 均等(きんとう)に：균등하게
- 倍数(ばいすう)：배수
- 繋(つな)がる：이어지다, 연결되다.
- 時計(とけい)回(まわ)り：시계 방향
- 時計(とけい)逆(ぎゃく)回(まわ)りに：시계 반대(역) 방향으로
- 完全(かんぜん)に：완전히
- 止(と)まる前(まえ)：멈추기 전
- 完了(かんりょう)：완료

- 途中(とちゅう)：도중에
- 回転(かいてん)：회전
- 妨害(ぼうがい)：방해
- いけない：안 된다, 할 수 없다. = 駄目(だめ)
- できない：가능하지 않다. 불가하다.
- 予想(よそう)する：예상하다.
- 状況(じょきょう)発生(はっせい)：상황발생
- 一方(いっぽう)：한편, 반면에
- 宣言(せんげん)：선언

第 9 章

カジノウォーの ゲーム (CASINO WAR GAME)

第 1 節　カードの順位とゲームの進行

第 2 節　ゲームのオプション(Game Option)

第１節
カードの順位とゲームの進行

カジノウォーはもっとも単純で、ゲームの進行が早いテーブルゲームであり、プレーヤーはカジノウォーゲームオプションから最高50.3%の勝率がもらえる利点がある。

ゲーム進行の方法はプレーヤーはベッティングし、自分に配られたカード1枚がディーラーのカードより大きければ勝つゲームである。

01 カードの順位(Value of Card)

カードの順位はカードの模様に関係なくA(Ace)が一番大きいし、数字だけで決められる。

A, K, Q, J, 10, 9, 8, 7, 6, 5, 4, 3, 2

[High ⇔ Low]

02 ゲームの進行(Game Process)

① ベッティングの区域(Betting Zone)にベットする。

② 最初のベッティングの後、プレーヤーはタイ(Tie)にかけることも可能である。

③ プレーヤーとディーラーは各1枚ずつフェースアップ(Face-Up)されたカードを配られる。

④ プレーヤーのカードがディーラーのカードより大きい場合、1倍を支払われる。

⑤ プレーヤーのカードがディーラーのカードより小さい場合、負けることになる。(Aceが一番大きい)

⑥ タイ(Tie)になった場合、10倍が支払われる。

제 1 절

카드 순위와 게임 진행

카지노 워(Casino War)는 매우 단순하고 빠른 게임 진행을 하는 테이블 게임이고 플레이어는 카지노 워(Casino War) 게임 옵션에서 최고 50.3%의 승률을 가질 수 있는 유리한 점이 있다.

게임 진행 방법은 플레이어는 배팅을 하고, 자신에게 분배 된 카드 1장이 딜러의 카드보다 높으면 이기는 게임이다.

01 카드 순위(Value of Card)

카드 순위는 카드 무늬와는 상관없이 A(Ace)가 가장 높으며 숫자로만 결정된다.

A, K, Q, J, 10, 9, 8, 7, 6, 5, 4, 3, 2

[High ↔ Low]

02 게임 진행(Game Process)

① 배팅 구역(Betting Zone)에 배팅을 한다.

② 원 배팅 후에 플레이어는 타이(Tie)에 걸 수도 있다.

③ 플레이어와 딜러는 각각 1장씩 페이스 업(Face-Up) 된 카드를 받는다.

④ 플레이어의 카드가 딜러의 카드보다 높으면 1배를 지급 받는다.

⑤ 플레이어의 카드가 딜러의 카드보다 낮으면 패한다.
(Ace가 가장 높음)

⑥ 타이(Tie)가 되면 10배를 지급 받는다.

第2節
ゲームのオプション

同点(プレーヤーのカードとディーラーのカードの値が同じになると)の場合、プレーヤーは次の二つの中で一つを選択することができる。

01 サレンダー(Surrender)

ゲームを辞めることであり、その時には、最初にベッティングしたチップの半額を失われる。

02 ゴートゥウォー(Go To War)

ウォー(War)を選択すれば、プレーヤーとディーラーはそれぞれ最初にベッティングしたチップと同額のチップをレイーアウトの上にベッティングする。プレーヤーとディーラーはそれぞれ新しいカードを1枚ずつ配られ、プレーヤーのカードがディーラーより大きいか、同点だったらウォーで勝つようになり、プレーヤーが負けると、かけたすべてのベッティングの金額を失うことになる。ウォー(War)を選択してプレーヤーとディーラーのカードの数字が同じである場合、プレーヤーはベッティングされたすべてのチップをもらえると同時に、ボーナスとして最初のベッティングの1倍を追加として支給される。

03 タイのベット(Tie Bet)

カジノウォーではタイにボーナスベッティングができる。プレーヤーがタイにベッティングし、ディーラーのカードと数字が同じの場合、10倍が支給される。

04 支給方法(Payout)

① 最初にプレーヤーが勝った場合、最初にベッティングした金額だけを1倍を支給される。

② ゴートゥウォー以後、ディーラーとプレーヤーがタイになった場合：プレーヤーの勝ちで最初にベッティングした金額だけを2倍支給される。

ペイのテーブル

プレーヤー ウィン	1倍
タイベット	10倍
サレンダー（プレーヤー サレンダー）	半失
ウィン（ゴートゥウォー プレーヤー ウィン）	1倍
タイ（ゴートゥウォー タイ）	2倍

제 2 절

게임 옵션(GAME OPTION)

동점(플레이어의 카드와 딜러의 카드의 값이 서로 같으면)인 경우, 플레이어는 두 가지 중 하나를 선택할 수 있다.

01 서렌다(Surrender)

게임을 포기하는 경우이며, 이때는 최초에 배팅 한 원금의 절반(1/2)을 잃게 된다.

02 고 투 워(Go To War)

워(War)를 선택하면, 플레이어와 딜러는 각각 처음에 배팅했던 금액과 같은 금액을 레이아웃(Layout) 위에 배팅한다. 플레이어와 딜러는 각각 다른 카드를 한 장씩 더 받고 플레이어의 카드가 딜러 카드 보다 높거나 같으면 워(War)에서 승리하게 되며, 플레이어가 지면 모든 배팅 금액을 잃는다. 워(War)를 선택해서 플레이어와 딜러의 카드 숫자가 같을 경우에는 플레이어는 배팅 된 모든 칩스를 가져감과 동시에 보너스(Bonus)로 최초의 배팅 원금에 대해 1배를 추가로 지급 받는다.

03 타이 뱃(Tie Bet)

카지노 워(Casino War)에서는 타이(Tie)에 보너스 배팅을 할 수 있다. 플레이어가 타이(Tie)에 배팅해서 딜러의 카드와 숫자가 같으면 10배(10 to 1)를 지급받는다.

04 지불 방법(Payout)

① 최초로 플레이어 승(Win)인 경우 – 최초 배팅 금액만을 1배(1 to 1) 지불한다.

② 고 투 워(Go To War) 이후, 딜러와 플레이어가 타이(Tie)인 경우 – 플레이어가 이기며, 최초 배팅 금액만을 2배(2 to 1)로 지불한다.

| Pay Table |

Beat Dealer	1 to 1
Tie Bet	10 to 1
Surrender (Player Surrender)	Lose Half(1/2)
Win (Go to War – Player Win)	1 to 1
Tie (go to War – Tie)	2 to 1

단어 정리 및 어휘 풀이

- 導入(どうにゅう) : 도입
- 単純(たんじゅん) : 단순
- カジノウォー(Casino War) : 카지노 워 – 게임 명칭
- ゲームのオプション(Game Option) : 게임 진행에 따른 게임 옵션
- 勝率(しょうりつ) : 게임이 가지고 있는 승수 확률
- 利点(りでん) : 이로운 점, 유리한 점
- フェースアップ (Face Up) : 카드의 숫자나 그림이 보이게 하는 것
- カードの模様(もよう) : 카드 문양(Suit)
- 決(き)められる : 결정된다.
- ベッティングの区域(くいき) : 배팅구역(Betting Zone)
- 負(ま)け : 지다, 게임 등에서 패하다.(Lose)
- 選択肢(せんたくし) : 선택사항
- 同額(とうがく) : 같은 금액
- 引(ひ)き分(わ)け : 비김 = Tie, Push
- 同時(とうじ) : 동시
- ボーナス(Bonus) : 보너스, 덤
- ゴートゥウォー(Go to War) : 카지노 워 게임 옵션 중 하나로 계속 게임을 진행하고자 하는 의사 표현
- 支給(しきゅう)される : 지급한다.

보충 학습 포인트

일본의 화폐

- (壱万円 : 10,000円)

후꾸자와 유기치(福沢諭吉(ふくざわゆきち), 1835.1.10~1901.2.3)

1858년에도[江戶 : 현재의 도쿄]에 네덜란드 어학교인 난학숙(蘭学塾)을 열고 1860년 이후 바쿠후[幕府] 견외사절(遣外使節)로 3회에 걸쳐 해외를 여행하며 새로운 문물을 접하였다. 1868년 난학숙을 이전하면서 게이오의숙[慶応義塾]으로 개칭하였는데 이것이 오늘날 게이오의숙 대학의 기원이 되었다.

1873년 메이로쿠사[明六社]를 창설한 후로는 동인으로 활약하면서 실학(実学)을 장려하였으며, 부국강병을 주장하며 일본의 대륙침략을 지지하기에 이르렀다.

저서에는 《서양사정》(1866) 《학문의 권유》(1872) 《문명론의 개략》(1875) 등 후쿠자와 3부작을 비롯하여 《복옹자전(福翁自伝)》《신여대학(新女大学)》 등이 있다.

(五千円, 5,000円)

히구치 이치요(樋口一葉, 1872.3.25~1896.11.23)

- 발행년도 : 2004년 11월 1일
- 도쿄 출생. 본명 나쓰[奈津]

일본 최초의 여류소설가로서 메이지(明治) 문단의 천재작가로 인정받았다. 소설 섣달그믐, 키재기, 매미, 흐린 강, 십삼야(十三夜), 나 때문에 등을 발표하였고, 해질 무렵 무라사키는 미완성 작품으로 남기고 1896년 24세에 요절하였다.

1887년부터 말년에 걸친 방대한 일기(日記)는 높이 평가된다.

● (弐千円, 2,000円)

앞면은 오키나와 현의 수례문(守礼門)이고 뒷면은 일본의 유명한 고대소설 켄지모노 카타리(源氏物語)의 그림과 사서(詞書)를 곁들인 그림에 무라사키 시키부(紫式部)를 그려 넣었다.

제 2차 세계대전 당시 파괴되었다가 오키나와 본토 복귀 20주년을 기념해 최근에 복원되었으며 1992년 11월부터 일반인에게 공개. 뛰어난 경관을 자랑하는 슈레이성은 오키나와의 중심도시인 나하 시내를 한 눈에 내려다 볼 수 있는 위치에 있다. (* 일본화폐 중에서 도안소재가 인물이 아닌 화폐)

(一千円, 1,000円)

노구치 히데요(野口英世, 1876.11.24~1928.5.21)

'노구치 히데요'는 농촌에서 태어나 어릴 때 화상을 입어 왼손을 쓰지 못하는 불구가 됐으나 역경을 딛고 세균학자로 성공한 인물.

미국의 록펠러(Rockefeller) 연구소 재직 중에 매독병원균인 스피로헤타(Spirochaetales)를 규명해 냈으며, 트라코마(Trachoma), 오로야열(Oroya熱), 파상풍, 황열별 등의 연구에도 종사하였으며, 서아프리카로 건너가 황열병 연구 중에 가나(Ghana)의 아크라(Accra)에서 사망했다.

참고문헌

육풍림 · 강만호(2010)	카지노 게이밍 실무론	백산출판사
강만호 · 육풍림(2010)	카지노 경영론	백산출판사
조지 맨도스(2005)	카지노 갬블링	북 플러스
강만호 외(2002)	카지노 게임실무	백산출판사
이상우(2005)	카지노 서비스 일본어회화	학문사

Thomas L. Clark(1993)	The Dictionary of Gambling and Gaming
Carnival Casino	Caribbean Stud Poker and Big Six

저자약력

육풍림(陸豊林)

1987년	부산 파라다이스 카지노 입사(영업부)
1990년	홀리데이 인 크라운 프라자 입사(영업부)
1991년	오리엔탈 카지노 입사(영업부)
1999년	칼 카지노 입사(기획 · 감사실 & 중국 마케팅부)
2006년~현재	서라벌대학 카지노과 교수/학과장

E-Mail : yookpr@sorabol.ac.kr
yookpr@naver.com
Homepage : http://cafe.naver.com/acedealers

카지노 現場 日本語

2011년 2월 25일 초판 1쇄 인쇄
2011년 2월 28일 초판 1쇄 발행

저 자 육 풍 림
발행인 (寅製) 진 욱 상

발행처 백산출판사
서울시 성북구 정릉3동 653-40
등 록 : 1974. 1. 9. 제 1-72호
전 화 : 914-1621, 917-6240
FAX : 912-4438
http://www.ibaeksan.kr
editbsp@naver.com

저자와의 합의하에 인지첩부 생략

값 15,000원
ISBN 978-89-6183-444-5